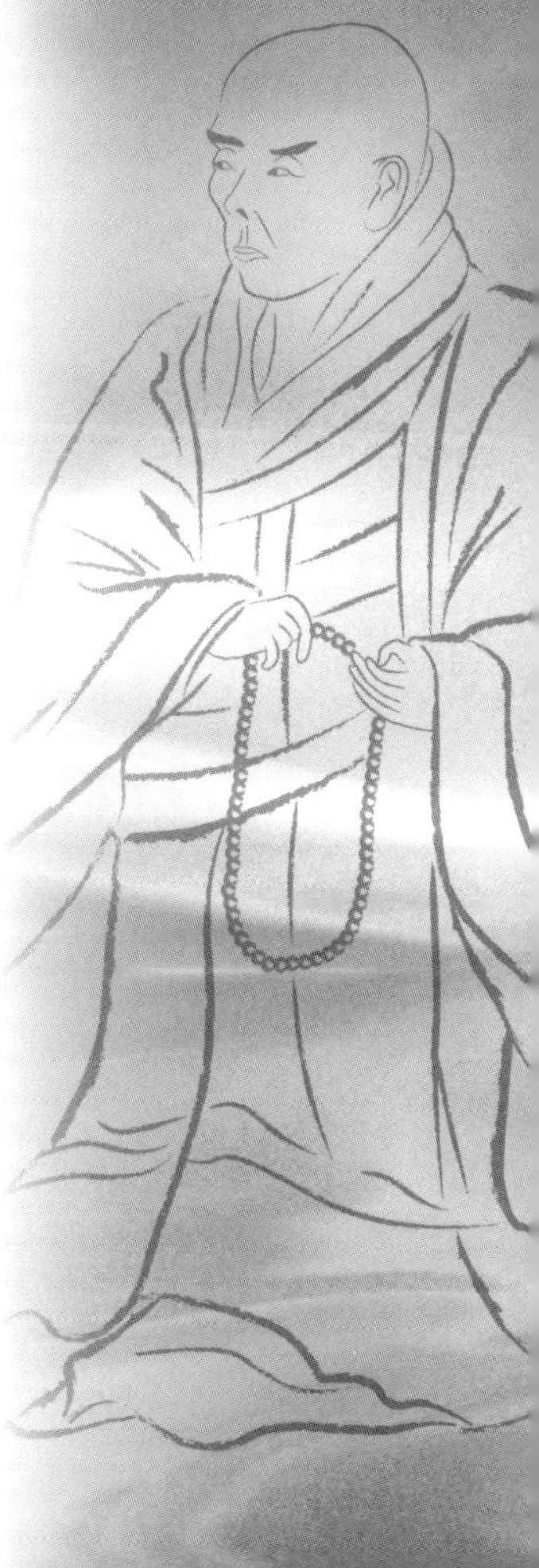

# 親鸞の浄土を生きる

## 死を恐れないために

Kato Chiken
加藤智見 著

大法輪閣

# まえがき

数ヶ月前、仏教雑誌『大法輪』の読者投稿欄に、「死後を説けない僧侶」という投稿が掲載されました。鋭い内容でした。

その投稿者によれば、経典には「確かにあの世はある」と説かれているのに、最近の僧侶はあの世の話ができないというのです。さらには、僧侶は「伝統仏教の教えを、現代の高度な知性と科学文明の中に生きる若い人々に、どのように適合させて説こうというのだろうか」と、指摘されていました。

研究者として、真宗の僧侶として生きている私としては、胸が痛む思いで拝読しました。私自身が日頃感じていることを、あらためて目の前に突きつけられたからです。

実は数年前から、私は親鸞の言う「浄土」を、現代という時代にどのように説明すべきかについて思いをめぐらしてきました。その動機は次のようなことにあったのです。

葬儀が終わると、一般に喪主による会葬御礼の挨拶があるのですが、多くの喪主が「本日はご会葬いただきましてありがとうございました。今頃父は天国で喜んでいることと思います……」などとおっしゃいます。これを聞くと、僧侶である私はがく然としてしまいます。真宗の葬儀をいとなまれたのですから、天国ではなく、せめて「お浄土に導かれて……」などと言って欲しいのですが、天国になってしまうことが多いのです。

このようにおっしゃるのは、私の責任でもありますので、何とかして浄土というものをもっと身近なものとして知っていただきたい、現代の高度な知性と科学文明の中で「浄土」というものが違和感なく受け入れられ、一つの新しい世界観としてわかってもらいたいと切実に思うようになったのです。

というより、死はすべてが終わること、死の先は何もない、死んでしまえばすべてが終わり、という一般にいわれる科学的な世界観を超えて、もっと明るい、意味のある「浄土」的世界観を現代に伝えることにより、希望のない老後、意味のわからない死、死んだらどうなるか、どこへ行くのかなどと悩んでおられる方々に、何とかお答えしなければならない、と思うようになったのです。

浄土について理解していただければ、人生の先行きがはっきりしてきます。年をとることも、病むことも、死ぬことも、死後のこともそれぞれのもつ意味がわかるようになってきます。意味がわかれば希望もわいてくるでしょうし、その希望に向かって浄土を体験し、体感することができるようになります。

特に親鸞の言う浄土は、単なる死後の世界でもなく、死後にだけ行くようなところではありません。今、ここで出会い、生き、体験できるものです。今すぐに体験し、生きていることを喜び、死を恐れず、むしろ死後に希望を見出せるものでもあります。
実は、先ほどの投稿を拝読し、私の考えてきたこと、書いたものを、今こそ出版しなければならないと決意したのです。

そこで次のような構成にして、本書を書き進めてきました。

まず、第一部では、親鸞の説いた浄土について述べてみますが、親鸞は従来の神話的ないわゆる極楽浄土を超えて新しい浄土を発見しました。その新しい浄土をよく理解するための作業として、伝統的神話的な極楽浄土をどのように見るべきかという問題に触れておきます。

次に親鸞の新しい浄土の特徴を鮮明にするため、古代日本人が考え、信じてきた他界観を見、さらには親鸞以前の源信《げんしん》や法然《ほうねん》の考えた浄土を見ておきます。

そしてその後、親鸞の説いた新しい浄土とはどのようなものであったか、それはどのようにして見出されたのか、この浄土をどのように体験し、人生を生き抜き、死を克服しようとしたのか、の問題について考えてみます。

さらには、すぐれた頭脳をもちながら結核と闘い、わずか四十年でこの世を去らねばならなかった明治の哲学者・仏教者清沢満之《きよざわまんし》を取りあげ、彼はこの親鸞の浄土をどのように近代社会で体験し、生き、人生をまっとうしたのかを、彼の生涯をたどりつつ、検証してみたいと思います。

そして第二部では、親鸞の新しい浄土を体験するために、十の段階を設定し、読者の方々、お一人おひとりにその浄土を理解し、体験していただく試みをします。特に死の意味を明確にできない現代に、死を恐れず、死を克服し、希望のある人生を歩まれる方法を、この浄土を体験しながら見つけていただきたいと思います。

なお本書は、できるだけ現代人の視点と思考回路に沿い、私の専門とする宗教学的な立場と方法によって浄土を解釈し、理解することに努めました。

また読者の方々の便宜を考え、親鸞の文章については、まず現代語訳をつけ、そのあとに原文を引用しました。満之の文章については、当時の難解な文字や言葉は現代人に読みやすいように一部を書き改めてみましたが、その責任はすべて筆者にあります。

最後に、常に的確なアドバイスをしていただき、校正の労をおしまれなかった大法輪閣編集部の小山弘利氏に、心より感謝致します。

平成二十一年十一月

加藤　智見

# 目次

装丁……山本太郎

# 第一部　親鸞の浄土

# 第一章　親鸞の浄土を知るために

## 〈一〉浄土とは

浄土の問題に触れる前に、まず次の点を確認しておきたいと思います。

仏教には「成仏」という言葉があるように、仏は人間がなるものなのです。この点がキリスト教やイスラム教の神とは決定的に違う点です。

釈尊（釈迦、生没年は紀元前四六三〜三八三年、同五六六〜四八六年など諸説）も人間でしたが、すべての煩悩を離れ、悟りを得て、仏（Buddha、仏陀、覚者）になられたのです。ですから釈迦仏ともいわれるのです。釈尊のほか、多くの人間が仏になりました。このためキリスト教などの一神教に比較して、仏教は多神教であるともいわれるのです。

実はこのような仏たちが住む世界を「浄土」というのです。このような浄土は、煩悩を離れた仏の住む境地ですから、浄らかであるため浄土（浄刹《じょうせつ》、浄界、浄国）といい、反対に煩悩に穢《けが》れた者の住む世界は穢土《えど》（穢国）といわれてきました。心が浄まれば住む世界も浄まり、煩悩に穢されれば住む世界も穢れた世界になるからです。

ところで仏教では、さまざまな浄土が説かれてきました。代表的な浄土に、阿弥陀仏の「西方《さいほう》極楽浄土」、阿閦仏《あしゅくぶつ》の「東方妙喜世界《とうほうみょうぎせかい》」、釈迦仏の「西方無勝世界」、薬師仏の「東方浄瑠璃《じょうるり》世界」、弥勒《みろく》菩薩の「兜率天《とそつてん》」、観音菩薩の「普陀落山《ふだらくせん》」、毘盧遮那仏《びるしゃなぶつ》の「蓮華蔵《れんげぞう》世界」などがあります。最もよく知られている浄土は何といっても阿弥陀仏の西方極楽浄土でしょう。

本書ではこの極楽浄土について言及してみますが、この浄土については、『浄土三部経』つまり『無量寿経《むりょうじゅきょう》』『観無量寿経《かんむりょうじゅきょう》』『阿弥陀経』の三部の経典に説かれていますので、まずここでこれらの経典に描写されている浄土について、少し紹介しておきます。

西方極楽浄土は、われわれの住んでいるこの世界から西方に向かって十万億の仏の住む世界の向こうにあるといわれ、たとえば次のように神話的に描かれています。

「その浄土には金《こん》・銀《ごん》・瑠璃《るり》・珊瑚《さんご》・琥珀《こはく》・硨磲《しゃこ》・瑪瑙《めのう》の七宝でできた大地が限りなく広がっています」（其仏国土、自然七宝《じねんしっぽう》、金銀瑠璃　珊瑚琥珀　硨磲碼碯、合成《ごうじょう》為地、恢廓曠蕩《かいかくこうとう》、不可限極）（『無量寿経』）

「七宝の池があり、この池には、清らか・つややか・臭いがない・やわらか・美しいなどという八つの功徳をそなえた水がたたえられ、池の底には一面に黄金の砂が敷きつめられています」（有七宝池。八功徳水《はっくどくすい》　充満其中。池底純以　金沙《こんしゃ》布地）（『阿弥陀経』）

「迷いの心をやわらげるそよ風が吹き、宝石で飾られた並木や鈴をつけた宝羅網《ほうらもう》という網をゆすり、なんともいえない美しい音色が聞こえてきます」（微風吹動　諸宝行樹《ほうぎょうじゅ》　及宝羅網、出微《み》妙音《みょうおん》）（同）

このような描写が幾重にも続きます。現代人からすれば、美しい世界であるとは感じても、どこか夢物語の世界のようにも思えてしまいますし、即物的で人間の願望が裏返しになっている世界のようにも感じてしまうでしょう。なぜこんなに飾り立てなければならないのか、と思ってしまうのが正直なところです。

しかし少し落ち着いて考えてみる必要があります。現代人から見れば、確かにこのような描写は人間の欲望の極致を描いたようにも見えますが、もちろんそんなことを目的にしたものではありません。欲望を抑え、できれば断ち切ろうとするのが仏教の理想だからです。欲望を満たすために極楽浄土に生まれたいなどと思うことは、仏教の理念にはまったく反することだからです。

それならば、このような神話的な表現の奥にこめられている本当の意味を聞き出さなければならないでしょう。神話を非神話化しなければならないことになります。

## 〈二〉神話的なものをどう見るか

ドイツのブルトマン（一八八四〜一九七六）という聖書学者は、聖書的、神話的な描写について次のように言っています。「現代人は、たとえ、そこに『深い意味』を見出すとしても、もはや、そのような言い表わしかたには、ついてゆけないとおもわれるのであります。そこで『非神話化』ということが問題となってくるのです」（山岡喜久男訳『新約聖書と神話論』）。

そこで彼は、神話的な表現を非神話化しようと非常な努力をするわけですが、まず「新約聖書の世界像は、神話的世界像である」（同）とみなします。そして神話の真の意義を追究して、次のように指摘します。

「神話の本来的の意義は、客観的な世界像を与えることには存しない。むしろ神話は、人間自身が、自己の世界においていかに理解しているかということを言い表わしている。神話は、宇宙論的でなく、人間学的に、むしろ実存論《エクジステンツィアール》的に解釈されることを欲してい

るのである」（同）

つまり神話は、世界を客観的に説明するためのものでもなく、単なる宇宙論でもなく、今、現にここに生きて存在する自分とどう関係しているかというギリギリの問いから生まれるものであり、そのような場においてその意味を解釈しなければならないというのです。

たとえばイエスが十字架にかけられたということも、単なる歴史的な出来事ではなく、「われわれ自身に対する審判が、十字架において遂行せられているということがそれによって言われている」（同）と理解すべきだというのです。客観的な史実という次元ではなく、十字架を通してこの私に神が何をしてくださっているのか、どうかかわってくださっているのかと問い、その意味を見出さねばならないというのです。ですから決して過去のことではないのです。「こうして、キリストの十字架と苦難は現在なのである」（同）というとらえ方になるわけです。

今、現にキリストの十字架の事実が自分に突きつけられ、それに自分がどう応じるべきかが神話的な描写の中に問われているというのです。ですからブルトマンは、キリストは「『わたしたちのために』十字架につけられたのである」（同）と言い、十字架は「キリストとともに、十字架につけられんと欲するかどうかを問うているのである」（同）と解釈しようとするのです。

考えてみれば、ブルトマンが深い影響を受けたルター（一四八三〜一五四六）も次のように述べています。「キリストはわれわれが救われるようにと人類へのはかり知れない愛のために、父のもとからわれわれの不幸と獄舎の中に、言いかえればわれわれの肉と苦悩にみちた生活の中にまでご自身を低め、われわれの罪にかかわる罰を引き受けてくださったのだ」（『労し、重荷を負う人々のための慰めに関する十四章』）と語っています。この「われわれ」とは、実際はルター自身を指します。つまりキリストはルター自身のために十字架にかかってくださったのだと気づいたのです。イエスが十字架にかけられてから一五〇〇年たっていたのですが、ルターにとっては一五〇〇年前のことではなく、彼が気づいたそのときの出来事なのです。このような受け取り方を実存的な受け取り方というのです。

実は、親鸞（一一七三〜一二六二）も次のように告白しています。

「阿弥陀さまが五劫《ごこう》という長い長い間思索を重ね、命あるものすべてを救おうと立ててくださった本願をよくよく考えてみますと、ひとえに私親鸞一人のためだったのです」（弥陀の五劫思惟《ごこうしゆい》の願《がん》をよくよく案《あん》ずれば、ひとえに親鸞一人《いちにん》がためなりけり）（『歎異抄』）

昔々一人の国王が出家し法蔵菩薩《ほうぞうぼさつ》と名乗り、本願を立て、これを成就して阿弥陀仏となられた、と神話的に描かれた話の中に、親鸞はこの本願は実は私のためにこそ立てられていたのだと実存的に読み取り、このように語ったのです。親鸞もこうして非神話化を行なった一人であると私は考えるのですが、この点についてはのちにくわしく触れてみたいと思います。

いずれにしても、このような点を念頭におき、さらに一歩立ち入って親鸞の「浄土」を解明するため、次に私の考える非神話化の方法について述べてみます。

## 〈三〉私の考える非神話化

たとえばフランスのパスカル（一六二三～一六六二）は、「心には理性の知らない論理がある」と言いました。このパスカルは物理学者であると同時にキリスト教徒でもありましたが、人間の心の中には理性の知らない心情の論理のようなものがあるというのです。この心情の論理のようなものが、時には人の心を打ち、魅する場合があるといいます。

またスイスの神学者ブルンナー（一八八九～一九六六）が「精神的な理解は自然科学的な理解とはまさしく逆であって、精神の法則は自然の法則の正反対である」と言ったことは有名です。つまり自然科学のように対象をただの物体とみなし、理性によって合理的に見ようとする態度では、心とか精神は理解できないというのです。さらにドイツの哲学者ヤスパース（一八八三～一九六九）も、よく知られているように、「精神は自然現象として科学的に探究し得るものではない」と指摘しています。

日本の哲学者久松真一《ひさまつしんいち》は、自己の体験に照らし合わせ「科学的な知識を得るにつれて、浄土に対して懐疑を持つようになった」（星野元豊『親鸞と浄土』）と言っていますが、このことは、科学的な理性では神話的な浄土というものはわからない、ということを言ってもいるのです。この点については、本書で取りあげる清沢満之《きよざわまんし》（一八六三～一九〇三）も「宗教上のことを知力でもって決定しようとするのは、とうてい充分にはできないことである」（「信仰問答」）と指摘しています。

さらにドイツの神学者シュライエルマッハー（一七六八～一八三四）は「宗教の本質は、思惟でも行為でもなく直観と感情である」（『宗教論』）と主張しました。つまり宗教的なものは合理的な思惟によって生まれるものでも、一方的に人間のほうから働きかけるものでもなく、仏や神と真っ直ぐに向き合い、対坐し、厚い信頼の情の中に感じられ、直観されるものだというのです。ということは、経典や宗教書などの言葉、たとえば浄土のような言葉を、ただ目で追い、頭だけで考えていても、その本当の意味はわからないということになりますし、まして神話的な表現、描写がされている場合はそうです。

では具体的にどのような姿勢で読めばいいのでしょうか。つまり神話的なものは、どのように非神話化し、現代人にわかるようにされるべきなのでしょうか。特に仏教的な場合はどうでしょうか。私はここで、本書で取りあげる親鸞のとった「信知《しんち》」という態度に注目してみたいと思います。

親鸞は、本願つまりわれわれを救おうとしてくださった阿弥陀仏の願いは、信知すべきものだと言います。ただ頭で「知る」というものではなく、私を救おうと「願っていてくださる」「導いてくださっている」と気づき、信じる喜びの中にその意味を「知らせていただく」こと、このことを信知するというのです。冷たい理性的な知ではありません。親鸞の言う知の裏には「智」というものがあるのです。少しむずかしい表現ですが、次のように親鸞は書いています。

「信心というのは智恵でもあります。この智恵は阿弥陀さまの慈悲の光明《こうみょう》に照らされ救いとられることによっていただく智恵であります。阿弥陀さまの光明も智恵ですから、光明に照らされ信心をいただいた人は仏さまと同じだということになります。同じだというのは、おたがいに信じ合う心がひとしくなるから、そういえるのです」（信心というは智也。この智は、他力の光明に摂取《せっしゅ》せられまいらせぬるゆえに、うるところの智也。仏の光明も智也。かるがゆえにおなじという。おなじというは、信心をひとしという也）（『末燈鈔』）

信心は智であるとし、この智は仏の慈悲に救いとられて初めて得る智だというのです。救いとられた喜びの中に初めて気づく智だからです。母親の愛情を知らなかった子が、母にめぐり合い、母の愛情に包まれて初めて知る母についての本当の「知」のようなものでしょう。本を通した知とか他人の母を見て知る客観的な「知」とは違うのです。

さらに親鸞は、救いとられて初めて知る智は、仏の光明に照らされ気づかされる智であって、結局は仏の智と同じものであり、そこにおいて知らされる仏の心は私の心となるというのです。すると仏さまと同じ心をもたせていただくこととなり、仏さまが人間を信じてくださっているお心と、人間が仏さまを信じさせていただく心が同じものとなり、一つのものとなるというのです。ここには信と智と知が微妙に関係し合う宗教的な境地がありますし、単なる合理的、自然科学的な世界とは根本的に違う宗教的な世界が開けてくるのです。

よく知られているように、親鸞は『無量寿経』の中の、法蔵菩薩《ほうぞうぼさつ》が本願を成就したことについて書かれたいわゆる本願成就《ほんがんじょうじゅ》の文《もん》の「至心回向《ししんえこう》」の部分を、従来は人間が「至心に回向す」と読んできたにもかかわらず、仏ご自身が「至心に回向せしめたまえり」「至心に回向したまえり」、すなわち仏ご自身が人間に向かって回向してくださっている、と読み変えてしまいました。回向するという動詞の主語を人間から仏にしてしまったのです（本書七十四〜七十五頁参照）。

実は、これも仏と親鸞自身の主体的な実存関係において親鸞がこの文を読んだ結果なのです。文法的な読み方、知性的な読み方ではなく、あるいは神話的な伝統をそのまま鵜呑みにすることなく、それらを超えて仏の本意つまり真意を何とかして聴き取ろうとする態度から出てきた読み方であると私は思うのです。このような主体的で実存的な親鸞独自な態度の中に、彼の非神話化の態度を読み取りたいと私は思うのです。

親鸞の主著『教行信証《きょうぎょうしんしょう》』を読むと、次のような彼独自な表現が見られます。「つつしんで……按ずるに」「仏意はかりがたし。しかりといえども、ひそかにこのこころを推するに」といった表現です。このような表現は親鸞一人が仏に向き合い、一人称の場に立って、ひたすら仏の意志を聴き取ろうとする態度から生まれる表現であり、経典に書かれた仏自身による人間に対する思いやりを、仏と向かい合ってただ一人、今ここに存在する自分を賭《と》して読みこんでいく態度から生まれる表現です。三人称的な理性の場、あるいは神話的なものに無条件に従う立場に立ってはいません。

ですから、釈尊や阿弥陀仏も、親鸞にとっては次のように映るのです。

「お釈迦さまは慈父、阿弥陀さまは悲母となって、いろいろと適切な方法で、私たちの仏への無上の信心をおこしてくださっています」（釈迦弥陀は慈悲の父母《ぶも》　種々に善巧方便《ぜんぎょうほうべん》し　われらが無上の信心《しんじん》を　発起《ほっき》せしめたまいけり）（『高僧和讃』）

私親鸞に信心をおこさせるため、釈尊も阿弥陀仏も父や母のようにさまざまな手立てを考え、心を動かそうとしてくださっているのだと親鸞は考えているのです。変なたとえですが、何とか赤ん坊が食べられるようにと母親や父親が方便としての離乳食を与えるように、です。一方的に教えを人間の理性に伝えているだけではありません。ですから釈尊・弥陀の思いやりを受け取り、心をつらぬかれ、その思いやりを「いただき」「頂戴する」読み方が必要になるわけです。

キリスト教においても同様なことがいえます。ルターが「信仰は神の約束から生まれ出る」（『キリスト者の自由』）と言ったように、信仰は神によって人間の心の中に引きおこされるものであり、人間の単なる知性や意志から生まれるものではありません。ルター研究者のK・ホル（一八六六〜一九二六）は「信仰は人間の行為ではなく、神の賜物である。神はご自身の説得力のある言葉により、すなわちご自身の『約束』によって信仰を引きおこしてくださるのである」（『ルター』）と言いました。神の言葉とは、人間の単なる理性によって考えられたものを伝達する言葉とは違うのです。言葉を超えた言葉でもあり、信じる心にのみ語りかけてくるものであって、聞く耳をもたねば聞こえてこない言葉なのです。

かつて私はドイツの宗教詩人シレジウス（一六二四〜一六七七）の詩を翻訳しましたが、その中に強く心を動かされた次のような詩がありました。「あなたに見えないものを見よ、音のない聞こえないものを聞け。そうすればあなたは神が語りかける場にいるのである」（岩波文庫『シレジウス瞑想詩集』(上)）

肉眼には見えない仏や神と対坐し、現代人にはよく理解できない神話的な文や言葉の中に、聞こえない声を聴き取る態度は、経典や宗教文献を読む場合、必ず必要になってくる態度です。現代人にとって、なかなか理解しにくい「浄土」の意味やその描写の奥に、仏の意志と声を聞き取り、その思いやりを受け取っていくためには、少なくとも以上のような点に注意を払っておく必要があると思えます。

特に親鸞の理解した「浄土」は、従来の経典を遵守《じゅんしゅ》した浄土理解とは異なり、独特で画期的な解釈がされますので、特に注意が必要であると思います。

# 第二章　親鸞以前の浄土

親鸞の浄土は、単に死後に行くところではありません。このことについては次章でくわしく述べますが、この親鸞の浄土観の特徴を鮮明にするために、まず古代日本人の他界観を、黄泉国《よみ》と常世国《とこよ》を取りあげて見ておきたいと思います。

次に親鸞以前の仏教における浄土について見てみたいのですが、彼以前の浄土はおおむね死後に行くところでした。

そこでこのような他界観や死後に行く浄土について見ておき、親鸞の浄土というものが、いかに画期的で独特なものであったかを見てみたいと思います。

## 〈一〉古代日本人の他界観

## 1　黄泉国

死後、人間はどこへ行き、どうなるかという他界観について、古代日本人はどう考えていたのでしょうか。

古代日本人の他界観について考える場合、黄泉国を取りあげるのが一般的ですが、もう少しくわしく見ておきますと、『古事記』や『日本書紀』には次のような他界が出てきます。

高天原《たかまのはら》・葦原中《あしはらのなか》つ国《くに》・根《ね》の国・黄泉国・根堅洲国《ねのかたすくに》・妣《はは》の国・常世《とこよ》国などです。このうち、最初の三つの国は垂直に他界をとらえたものであり、妣の国と常世国は水平的にとらえたもの、根の国・黄泉国・根堅洲国は同じものであるといわれます。しかしやはり黄泉国が記紀では最もくわしく描かれていますので、まず黄泉国について取りあげてみましょう。

この黄泉国は、本当は「ヨモツクニ」と読み、『古事記』では、愛妻のイザナミを亡くした夫イザナギが訪問したところとして描写されています。

初めて性をもつことになった二人は夫婦となり、さまざまなものを生んでいくことになります。ところが三十三番目に火の神を生んだとき、イザナミは大やけどを負い、それがもとで死んでしまいます。怒り狂ったイザナギはその火の神を切り殺してしまいました。そして泣く泣くイザナミを出雲《いずも》と伯耆《ほうき》の国境にある比婆《ひば》の山に葬ることにしました。

しかし葬ったあとも、妻のことが忘れられないイザナギは、意を決して黄泉国を訪れ、「国はまだ完成していないので一緒に帰ってくれないか」と懇願しますが、イザナミは「私は黄泉国の食べ物を食べたため、体が汚れてしまいました」と答えます。「しかしわざわざ来てくださったのですから、この国の神にお願いしてみます。その間、絶対に中に入って私を見ることだけはしないでください」と言って奥に消えました。

しかしいつまでたってもイザナミはもどってきません。しびれをきらしたイザナギはとうとう中に入ってしまうのですが、そこには腐乱した死体しかありませんでした。驚いたイザナギは逃げ出しますが、約束を破られ怒りにふるえたイザナミは、「よくも私に恥をかかせた」とばかりに黄泉国の醜《みにく》い女たちである黄泉醜女《よもつしこめ》たちと千五百人の軍勢で彼を追いかけます。

必死に逃げるイザナギは、黄泉国の入口にある黄泉比良坂《よもつひらさか》まで来ると、そこにあった桃の実を投げ、追手を退散させます。桃は邪気をはらうと考えられていたのです。さらにそこにあった大きな岩で黄泉国との通路をふさいでしまいました。

追ってきたイザナミは怒って「あなたの国の人間を一日に千人殺す」と叫びます。しかしイザナギは、これに対して「私は一日に千五百の産屋《うぶや》を作る」と答えたのでした。

では、このように描写された黄泉国の神話から、どのような日本人の他界観を読み取ればよいのでしょうか。

黄泉の国は暗闇の世界であり、ウジがわく汚い国だというのです。逃げ帰ったイザナギは、筑《つく》紫《し》の日向《ひむか》の橘《たちばな》の阿波岐原《あはきはら》で禊《みそ》ぎをしたというのですが、そんなに汚く悲しい場所が日本人の他界であったのでしょうか。

そこで、心血をそそいで『古事記』を研究し、『古事記伝』を著わした本居宣長《もとおりのりなが》（一七三〇～一八〇一）に、この黄泉国をどのようにとらえていたのかをたずねてみることにします。

宣長は『答問録』に「人は死候《そうら》へば、善人も悪人もおしなべて、皆よみの国へ行く事に候」と述べ、その黄泉国は「きたなくあしき所に候へ共、死ぬれば必ゆかねばならぬ事に候故に、此世に死ぬるほどかなしき事は候はぬ也」と書いています。そのまま受け取るとしたら、死はあまりに悲しいし、希望がなさすぎるのではないでしょうか。少なくとも仏教の浄土は人々に希望をもたらしてきましたが、宣長の言う黄泉国の見方には希望がなさすぎるように感じられます。この点はどう考えればよいのでしょうか。

宣長は寛政十二年（一八〇〇）七月、自分の死後の葬儀と墓について遺言を書きました。まず葬儀については、「送葬之式者、樹敬寺に而執行候《そうろう》事、勿論《もちろん》也、右之寺迄行列如レ左」（『遺言書』）、つまり葬送の式は菩提寺の樹敬寺で行ない、寺まで行列をくむようにと指示し、行列については図解までしています。位牌《いはい》を本堂にかざり、戒名は「高岳院石上道啓居士《こうがくいんせきじょうどうけいこじ》」とするようにと指示しました。

遺骸については彼独自な神式の葬儀で、松阪郊外の山室山にある妙楽寺境内の裏山に夜中ひそかに埋葬せよ、つまり「夜中密《ひそか》に右之寺へ送り可レ申候」（同）としているのです。よく知られていることですが、この墓地には大好きな桜を植えてくれ、もし枯れたら植え替えてくれとまで書き、花盛りの絵まで描きそえています。そして他所や他国から来た人が私の墓をたずねたら、この墓を教えよ、と述べています。

かといって宣長は仏式のほうを軽んじているわけでもありません。毎月の忌日には樹敬寺に墓参りをし、家の仏壇には位牌を安置して精進の霊膳を供え、そのほかのことは「御先祖達之通りに」（同）するようにと書いているのです。

と同時に、毎年一度の命日には山室山のほうの墓にも参って欲しいし、家には季節の花を立てて膳を供え、その膳料理は魚類にし、酒を忘れないで欲しい、都合のよい日に歌会を開いてもらいたいとまで書いています。

このような宣長の態度を見ると、一見筋が通っていないかのように見えます。仏式の葬儀を行ない、神式の葬儀を営み、仏式の墓、神式の墓をたてて平気だからです。確かに彼は十歳にして仏門に帰依し、十九歳のときには樹敬寺の諦誉《たいよ》から浄土宗の宗義の奥義を伝える五重相伝《ごじゅうそうでん》を受けるため、在家者としてはかなりきびしい修行もしていました。しかし国学者であり神道に生きた彼がなぜ葬儀の際、あるいは死後においても、一方でこのように仏教とかかわろうとしたのでしょうか。

宣長は、死後自分の霊魂が黄泉国（夜見国）に行くことを嫌っていました。しかし『古事記』の研究により、人は皆黄泉国に行かざるを得ないという結論に達していました。行きたくはないが行かざるを得ないというのが彼の結論だったのです。そう考えさせたのが『古事記』におけるイザナギの黄泉国訪問の記述でした。

しかし、死後そのまま黄泉国に行くというのはあまりに悲しいし、救いがありません。宣長はよく明かりの大小にたとえ、霊魂が地上にとどまることをひたすら考えました。小さい明かりならば、持ち去ればその明るさは消えてしまう。しかしその明かりが大きければ、しばらくの間はその明るさそのままに残るはずです。霊魂が黄泉国に行っても、その一部はこの世に残すことができると考えたのです。黄泉国に行かざるを得ないのですが、人の心はなおこの世にとどまることができるという現世中心の日本人の意識がここにあるのではないかと考えられますが、宣長が二つの墓を造らせた理由の一つは、実はここにあると私は考えています。

樹敬寺に墓を建てたのは、黄泉国ではなく先祖とともに浄土に往生することを願い、山室山の奥墓は永遠にこの世に生き残りたいと願って建てたのではないか。山室山の墓地には桜を植え、枯れたら新たに植え替えてくれとまで言い残し、さらには他所や他国の人が来たら、この奥墓を教えよとまで言ったのです。最も愛した桜の花に自分の霊魂の一部をとどまらせようとしたのではないでしょうか。

死後、霊魂は黄泉国へ行くことなく浄土へ行くことを願う一方、神道者として霊魂を一部この世にとどまらせ、他界とこの世の二つの世界に霊魂を存在させようと試みる複雑な心のあり方が読み取れると思えますが、実はこの宣長の態度こそが日本人の霊魂観、他界観をよく代弁している、と私は考えています。

現代でも、日本人は仏式で葬儀をしても、どこかこの世に霊魂が残存していると感じるか、あるいは残存させたいと思っています。死者が浄土におもむいたなら、この世に霊はなくなるはずですが、そう思えないところがあります。一般的な日本人は、五十代や六十代になりますと、いずれ自分が入る墓が欲しくなるといいます。墓の中から墓参りに来る子孫を見守っていたいという意識が強くなるそうです。あるいは先祖の霊が墓の中から、あるいは草葉の蔭から見守ってくれているなどと感じる意識が強いのも、そのような理由によると考えられますし、若い人々が守護霊とか背後霊などということを頻繁に口にするのも、関係があることでしょう。

浄土教の葬儀を行なった遺族でも、たとえば交通事故で亡くなったりした場合ですと、ガードレールなどの事故現場に花を飾りに通う遺族が多いといわれます。浄土教で葬儀をしたならば、浄土に往生したと考えるべきなのに、死者の霊魂は事故のあったガードレールのあたりにいるという感覚があるからです。このような感覚は、死後は穢《きたな》い他界にしか行けない、そこには行きたくない、仏教の教えは浄らかな浄土に導いてくれるというが、現世中心の日本人にはなかなかそう実感できない、そこで一応浄土に行くと頭では考え、同時に墓を建て、この世と関係をもち、少しでもこの世に自分の霊をとどめたい、というのが古代から続いてきた日本人の正直な他界観の一面ではないか、と私は考えるのです。

もちろん、最初に述べたように日本人にとって他界は黄泉国だけではありませんでした。そこで次に、黄泉国と同じように重要視されてきた常世国《とこよ》に触れてみたいと思います。

## 2　常世国

古代の日本人の中には、常世国は海のかなたにあると考えた人が多くいました。『古事記』にはスクナヒコナノミコトがこの常世国に渡ったとしるされ、『日本書紀』垂仁《すいにん》紀二十五年には「神風の伊勢国は、常世の浪の重浪《しきなみ》帰《よ》する国なり」、つまり常世国からの波がしきりに打ち寄せる国であると書かれています。

国文学者で民俗学者でもあった折口信夫《おりくちしのぶ》（一八八七〜一九五三）は、常世とは海のかなたにあって、常に愛を得ることのできる国だと述べています。ですから、仏教伝来（五三八年）後、比較的容易に仏教の浄土と結びついたと考えられますが、この常世国の特徴を見るために、常世国と仏教の浄土が重ねられて考え出された熊野の補陀落渡海《ふだらくとかい》というものを取りあげてみたいと思います。

まず補陀落とは観音菩薩の浄土ポータラカの音訳であり、普陀落とも書かれます。『華厳経《けごんきょう》』の「入法界品《にゅうほっかいぼん》」に出てくる青年求道者善財童子《ぜんざいどうじ》が二十八番目にたずねた観音の説法処でした。中国唐代の僧で、経典漢訳者、三蔵法師《さんぞうほうし》としても親しまれている玄奘《げんじょう》（六〇二～六六四）の旅行記『大唐西域記《だいとうさいいきき》』によれば、南インドの南端、海に面したマラヤ山の東にあるとされましたが、とにかく日本でははるか南の海上にあるとイメージされてきました。

この観音浄土へ往生したいと願い、船に乗って熊野の那智の海辺から出帆《しゅっぱん》したのです。四国の足摺岬や室戸岬でも行なわれましたが、那智が最も有名です。この渡海については『熊野年代記』に、貞観《じょうがん》十年（八六八）の慶龍上人の渡海、延喜十九年（九一九）の補陀落山寺祐真上人と同行十三人の渡海、天承元年（一一三一）の同寺高厳上人の渡海などが取りあげられています。

『華厳経』によりますと、善財童子はたずねる善知識《ぜんちしき》（高僧）から次々に南に向かうことを指示され、二十八番目の観音菩薩まで続きました。このことから南に向かうことが重要な意味をもつことになりました。補陀落渡海とは、こうして生きながらにして南の浄土に至る行為となったのです。これは西方はるかかなたの西方極楽浄土に往生するということと共通して、空間的に浄土が考えられていることでもあります。また同時に、常住不変の常世国に行くこととも通じるものがあります。

たとえばわが国最初の武家記録とされる『吾妻鏡《あずまかがみ》』の天福元年（一二三三）五月二十七日の条

には、次のような智定房《ちじょうぼう》の話があります。智定房という僧は、もともと坂東武者下河辺六郎行秀で源頼朝の家臣でしたが、那須野で巻狩りをしていたとき、頼朝の命令で鹿を射ろうとして失敗し、これを恥じて出家したといわれます。後に智定房の法名《ほうみょう》を与えられ、熊野で修行し補陀落浄土へ旅立ったとされています。小さな船に乗り、外から釘で密閉させ、扉もなく、日月の光も見ることができない状態で、「三十ケ日之程食物 并《ならびに》 油等僅用意」（『吾妻鏡』第三）、つまり三十日分の食料と灯火用の油などをわずかに用意して船出をした、というのです。このような渡海の姿は、室町末期の熊野那智参詣曼荼羅《くまのなちさんけいまんだら》にも描写されていますが、どことなく、古代日本人の海上かなたに常世国があるという思いを満たすものがあると思われます。

また『平家物語』は、木曾義仲に敗れて西国にのがれた平重盛の嫡男維盛《これもり》が、高野山に参詣《さんけい》した後、熊野へ来て那智沖の山成島で念仏とともに入水往生《じゅすい》をとげたことにつき、次のように述べています。「はるかのおきに山なりの嶋といふ所あり。それに舟をこぎよせさせ、岸にあがり、大《おお》なる松の木をけづって、中将銘跡《めいせき》をかきつけらる。『……三位中将維盛、法名 浄圓《ほうみょうじょうえん》、生年《しょうねん》廿七歳、寿永三年三月廿八日、那智の奥《おき》にて入水す』とかきつけて、又奥へぞこぎいで給ふ」（『平家物語』下）。

そしてその維盛に、有名な滝口入道が、今や阿弥陀如来は観音勢至や無数の聖衆《しょうじゅ》、化仏《けぶつ》菩薩に取り囲まれ、極楽の東門を出て来迎《らいごう》してくださいますので、あなたの身は海の底に沈んでも、実際は紫雲の上にのぼり、来迎にあずかるのです、と言います。すると維盛は「忽《たちまち》に妄念をひるがへして、高声に念仏百反《ぺん》ばかりとなへつゝ、『南無』と唱《となう》る声とともに、海へぞ入給《いりたま》ひける」（同）。滝口入道と石童丸も同行《どうぎょう》として念仏し、入水してはてたと書かれています。

この維盛のような入水往生も渡海として考えられ、観音浄土だけでなく西方極楽浄土も渡海の対象とされてきました。

そこで今、問題にしたい点は、熊野地方にはもともと水葬の儀式があり、海上はるかかなたには祖先の霊が集まる常世国があると信じられてきたという点です。このあたりで行なわれてきた修行は、したがって海に送った祖霊を供養するための修行であり、究極的なものとして自分の現身を捨て法華経とともに永遠に生きようとする捨身行《しゃしんぎょう》があった点です。行秀が法華行者になったのもその線上の出来事であったと考えられています。この常世国の祖霊の供養や捨身の行が観音浄土の信仰や西方極楽浄土の信仰と結びついて渡海の形になったのでしょう。

渡海僧の多くは補陀落山寺の住職であったのですが、住職たちの渡海は自分を犠牲にすることによって常世の祖霊を供養したり、人々の悪や罪を救う意味もあったであろうと考えられます。

いずれにしても、日本古来の他界観の一つ常世国と結びついて人々の心をひきつけた観音浄土、補陀落浄土は、南方の海のかなたという空間に存在する楽土であり、また西方極楽浄土であっても西方の空間に存在する楽土であると信じられてきました。しかし日本人が古来より抱いてきた常世国観が非常に根強かった分、仏教の浄土観はそれに溶《と》けこんで根強いものになったともいえます。

と同時に、次の第三章で述べますが、浄土を単に空間的に存在するものとしてではなく寂滅の世界、涅槃としてとらえる親鸞のような浄土観は、画期的で斬新《ざんしん》な浄土観ではあったのですが、日本人にはなかなか実感できないものであったということが、このことからわかります。親鸞による発見、蓮如《れんにょ》たちによる布教、清沢満之たちによる近代的な再解釈、再体験の努力にもかかわらず、日常的な実感となりにくかったのは、実はこのような常世国がはるかかなたの遠方に空間的に実在すると意識する日本人の意識によるものである、と私は考えています。

いずれにせよ、常世国にいる先祖の霊を供養し、自分が死ねばそこに行き、長く祖霊とともにすごしたいと願う日本人の意識が、日本仏教における浄土に食いこみ、浄土教の基層に棲むようになったことにより、日本人の他界観の典型となっていくことになりました。

さて、以上述べてきたことを総括しますと、大きく分けて日本人の他界観は暗い黄泉国的な面と比較的明るい常世国的な面がありました。仏教の浄土は、主として後者と結びつき、日本に定着するようになります。この浄土は日本人の根強い常世国意識と結びついたために、以後急速に日本人の心をひきつけていくことになりました。

しかしこの点は、逆に親鸞の浄土観の展開のさまたげにもなっていくのですが、ここではこの点には触れず、親鸞の浄土観考察のための予備知識にするにとどめます。
次に本格的な日本浄土教の先駆者となった源信《げんしん》の浄土観を見ておきます。

## 〈二〉源信の浄土

日本天台宗の開祖最澄《さいちょう》（七六七〜八二二）に師事した円仁《えんにん》（七九四〜八六四）は、唐にわたり、天台教学・密教・五台山念仏などを学びます。帰国後、比叡山に常行三昧堂《じょうぎょうざんまいどう》を建立し、昼夜の区別なくただひたすら念仏を称《とな》え、阿弥陀如来像を安置した須弥壇《しゅみだん》のまわりをめぐる常行三昧法を実践しました。これは来世に阿弥陀如来の西方浄土に往生することを願って行なうもので、不断念仏ともいわれました。円仁は日本の念仏者の第一号であるともいわれています。

また比叡山中興の祖といわれる良源《りょうげん》（九一二〜九八五）は、浄土教の教学を整備し体系化しましたが、この良源に師事したのが通称恵心僧都《えしんそうず》といわれる源信《げんしん》（九四二〜一〇一七）です。九歳で比叡山にのぼり、十三歳で得度受戒《とくどじゅかい》し、横川恵心院《よかわえしんいん》で修行と著作にはげむようになりました。そして寛和元年（九八五）には『往生要集《おうじょうようしゅう》』を著わしました。

よく知られているようにこの著では、初めに、穢《けが》れたこの世に執着しないようにと「厭離穢土《えんりえど》」を説き、迫力に満ちた地獄の描写がなされます。これによって以後日本人の来世観に地獄の思想が植えつけられるようになりましたが、注意すべきは序文の冒頭に「それ往生極楽の教行《きょうぎょう》は、濁世末代《じょくせまつだい》の目足なり」、つまり極楽に往生するための教えと修行こそは、穢れに満ちた末世の人を導く眼となり足となるものであると言っている点です。人間の罪、穢れを徹底的に究明しつつ「欣求浄土《ごんぐじょうど》」つまり心から喜んで浄土に往生することを願い求めさせようとしたのです。そしてそのために念仏の教えを説き、「臨終行儀《りんじゅうぎょうぎ》」を説いたのです。

「臨終行儀」とは、死に際して行なう儀式のことですが、源信が『往生要集』の巻中でこの「臨終行儀」という項目を立てたために広く知られるようになったのです。この中で、彼は中国唐の道宣《どうせん》（五九六〜六六七）、善導《ぜんどう》（六一三〜六八一）などの教えを紹介しつつ自分の考えを提示しますが、まず道宣の『四分律行事鈔《しぶんりつぎょうじしょう》』の引用からはじめます。この書は四部からなる律の代表的な経典で中国や日本の仏教に深い影響をおよぼしたものですが、ここには次のようなことが書かれています。

インドの祇園精舎《ぎおんしょうじゃ》の西北の角の日没の方向に、病人を収容する無常院という施設を造り、病人が出ればその中に安置する。……この堂の中には一体の立像を置き、金箔を塗り、面を西方に向ける。像の右手はあげ、左手には五色の細長い布をつなぎ、病人を安心させるために、病人を像のうしろに置いて左手に布のはしを握らせる。仏に従って浄土に往生する思いをおこさせるのである（作従仏往仏浄刹之意）。そして看病する者は香をたき、華を散らして病人の周囲をととのえ、屎尿《しにょう》などがあればこれを取り除く、などと書かれています。

浄土に往生するようにと病人を隔離し、病人の手と像の手をつなぎ、死が到来すれば仏の導きによって浄土に往生できるという、いわばイメージ作りをするのです。

次に善導の文を引用し、次のように述べています。

行者たちは、病気であってもなくても、命を終わろうとするときには、身と心を正しくととのえ、西に向かい心を集中して阿弥陀仏を観想し、口には念仏を称え、心には蓮華台に乗った阿弥陀仏二十五菩薩による来迎引接《らいこういんじょう》を観想しなさい。病人がこのような来迎を見たならば看病する人に向かって話しなさい。話したことを看病人は記録しなさい。もし話すことができないようなら、看病しながらどんなことを見たかを問いただし、罪相について話したなら、そばにいる人は念仏を称えてあげ、一緒になって懺悔してあげることによって罪を滅ぼしてあげなさい（若説罪相、傍人即為念仏、助同懺悔、必令罪滅）。

このように引用しながら、源信は死への準備、浄土に往生する過程をイメージ化していきます。こうして死の苦痛をやわらげる努力がされるようになります。阿弥陀仏は立像や坐像のような像だけではなく、絵像も作られました。たとえば山越《やまごえ》阿弥陀像などが作られ、実際京都の金戒光明《みょう》寺《じ》の像などは、そこに描かれた阿弥陀仏の手に五色の糸が結ばれ、その先端をにぎり往生を願う臨終の行儀に使われました。

熱心に『往生要集』を読んだ藤原道長（九六六〜一〇二七）は、臨終の行儀を実践したといわれます。道長の臨終について、『栄華物語』巻第三十「つるのはやし」には、次のように述べられています。

危篤におちいった道長は法成寺《ほうじょうじ》の九体《くたい》阿弥陀堂に移されますが、立てた屏風《びょうぶ》の西方だけを開けさせられ（この立てたる御屏風の西面《にしおもて》をあけさせ給《たまい》て）、北枕西向きに横になられ、阿弥陀如来と向き合われた。手には弥陀如来の手から引かれた糸を握られ（御手《みて》には弥陀如来の御手の絲《いと》をひかへさせ給て）、ただひたすら僧たちの不断念仏を聞き、自身も念仏を称えられた。そして念仏の声の怠《おこた》りないことによってのみ、ご存命であることがわかる状態であり（たゞこの御念仏の怠らせ給はぬにのみ、おはします定《じょう》にてあるなり）、いざ臨終のときも口を動かしておられたのは、念仏を称えておられたからのようであった（猶《なお》御口動かせ給は、御念仏せさせ給と見えたり）。

さて、『往生要集』が書かれた翌年、すなわち寛和二年（九八六）、比叡山横川《よかわ》の首楞厳院《しゅりょうごんいん》で、二十五名による二十五三昧会《ざんまいえ》が発起《ほっき》されます。源信が中心になり、規則や作法が『横川首楞厳院二十五三昧起請《きしょう》』として定められました。

この書の冒頭には、この念仏三昧は極楽往生を願うために今日からそれぞれが命終わるまで、毎月十五日の一晩、そろって不断念仏を修することであるとされ、皆で相談されたことがしるされています。その第一によると、この日は未《ひつじ》のとき（午後一〜三時）に集まり、申《さる》のとき（午後三〜五時）には法華経などを講説し、起請文《きしょうもん》を読み、その後七時頃から夜を徹して翌朝七時まで念仏を称えよう。この念仏は十万億の国土を通過して西方極楽浄土に至る仲立ちになるだろう。その後五体を地になげうって阿弥陀如来を礼拝しよう。また、死に臨んでは極楽往生疑いないことを願う礼拝を行なおう、としるしています。

しかしここで注意すべきは、このような源信の発想において、浄土に往生するのは明らかに死後のこととして考えられ、信じられているという点です。仏を信じ、念仏を称えることが臨終の際、浄土に往生するための仲立ちになるものとしてとらえられている点です。

寛仁元年（一〇一七）六月十日、七十六歳で入滅した源信について、『首楞厳院二十五三昧結縁《けちえん》過去帳』には、僧都（源信）が後世《ごせ》安楽の結果を得られたということ、すなわち極楽に往生されたことは疑いのないことであり、われわれも極楽に導いてほしいと書かれています。ということは、源信は死後極楽に往生したのであり、その仲間も死を契機に浄土におもむくと考えられているということです。すなわち源信の言う浄土は死後の世界としてとらえられている、ということです。

## 〈三〉法然の浄土

源信の滅後約百年がたち、法然（一一三三～一二一二）が現われます。彼の主著『選択本願念仏集《せんじゃくほんがんねんぶつしゅう》』は、次のような文ではじまります。「浄土に往生するためには、南無阿弥陀仏と称名念仏することが最も大切である」（南無阿弥陀仏 往生之業念仏為先）

法然は、九歳で父を殺され、剃髪《ていはつ》します。十五歳で比叡山に登り、源光・皇円に師事し、十八歳で黒谷《くろたに》の叡空《えいくう》に学び、さらに二十四歳のとき、京都や奈良で各宗の奥義を研究しました。その後に黒谷にもどって大蔵経《だいぞうきょう》を何度も読みますが、どうしても心の安定を得ることができませんでした。その頃の心境について次のように告白しています。

「まことに悲しい、私のような人間はどうすればよいのだろう。戒律を守ることも、精神を集中することも、真実の智慧を得ようとつとめることもできない。この三学のほかに私が救われる道はあるのだろうか。私にできる修行はあるのだろうか」（カナシキカナ　カナシキカナ　イカガセン　イカガセン　ココニワガゴトキハ。スデニ戒定慧《かいじょうえ》ノ三学《さんがく》ノウツハモノニアラズ。コノ三学ノ外ニワガ心ニ相応スル法門アリヤ。ワカ身ニタヘタル修行ヤアルト）（『和語燈録《わごとうろく》』）

しかしこのような苦しみこそが、法然の回心《えしん》の根拠になったのです。苦しみながら源信の『往生要集』を読むうちに、その典拠になっている善導の『観無量寿経疏《かんむりょうじゅきょうしょ》』に出会うことができたのです。そしてひたすら善導の書いたこの書物を読むうちに、次の一文にめぐり逢えたのです。

「一心にひたすら弥陀の名を称《とな》え、歩いているときも、坐っているときも臥《ふ》しているときも、いついかなるときにも時間の長短を問わず、そのときそのときに念仏もしてこれを止めない、これが正しい業であり、これによって往生が定まるのである。阿弥陀仏はこの行を行なうものすべてを救いとると本願に誓ってくださっているのであり、その願いに順じるからである」（一心に専《もっぱ》ら弥陀の名号を念じて、行住坐臥《ぎょうじゅうざが》に、時節の久近《くごん》を問わず、念々に捨てざる、これを正定《しょうじょう》の業《ごう》と名づく。かの仏《ぶつ》の願に順ずるが故に）

念仏とは、単に称える側の意志だけによるものではなく、仏の本願から発するものである、と気づかされたのです。本人の一方的な行為ではなく、仏の意志によって引き起こされる行であることに気づいたのです。法然がこの点に気づいたことによって、浄土教は新しい展開を見せることになります。とすれば、源信の臨終行儀のようなあり方も法然によって大きく変えられることになるはずです。

そこで、法然の死の迎え方について考えてみましょう。

建暦元年（一二一一）八月、流罪の身となっていた法然は、後鳥羽上皇によって帰洛をゆるされ、十一月十七日、流罪先の讃岐から京都にもどります。東山大谷に住むことになったのですが、翌二年正月二日から病床に臥《ふ》すことになりました。親鸞の『西方指南抄《さいほうしなんしょう》』の「法然聖人臨終行儀」によりますと、翌日三日の午後八時頃、こんな会話があったとしるされています。

「私はもともとインドにいて、修行僧にまじわり托鉢《たくはつ》をしていた身であったが、この日本に生まれかわって天台宗に入り、この念仏の教えにあうことができた、とおっしゃいました。そのとき、看病人の中の一人の僧が、本当に極楽に往生なさるのですかと申し上げると、私はもともと極楽にいた身ですから、ただそこにもどっていくだけだ、と答えられました」

（われはもと天竺《てんじく》にありて、声聞僧《しょうもんそう》にまじわりて頭陀《ずだ》を行《ぎょう》ぜしみの、この日本にきたりて、天台宗に入て、またこの念仏の法門にあえりとのたまひけり。その時看病の人の中に、ひとりの僧ありて、とひたてまつりて申すやう、極楽へは往生したまふべしやと申《もうし》ければ、答《こたえ》てのたまはく、われはもと極楽にありしみなれば、さこそはあらむずらめとのたまひけり）

自分はもともと極楽浄土にいたが、その極楽からしばらくこの娑婆に来たまでだから、死ねばまちがいなく浄土にもどっていくと法然は答えているのです。ふるさとに帰っていくというように考えているのです。何の不安もないかのようです。この点で、一生懸命に臨終行儀を行ない、浄土に生まれようと努力している源信の態度とは根本的な違いがあることがわかります。

また、こんな話もしるされています。

「臨終にそなえて、弟子たちが高さ三尺の阿弥陀像を法然聖人の部屋にすえ、この仏さまをおがんでくださいと申し上げると、聖人はその像ではなく、像のないところを指さし、いつも念仏もうしている仏さま以外には仏さまはいらっしゃらないのです、とお答えになられました」（臨終のれうにて、三尺の弥陀の像をすゑたてまつりて、弟子等申《もうす》やう、この御仏《みほとけ》をおがみまいらせたまふべしと申侍《はべり》ければ、聖人のたまはく、この仏のほかにまた仏おはしますかとて、ゆびをもてむなしきところをさしたまひけり）（同）

法然は、源信が臨終の作法として阿弥陀像を部屋に持ちこんだことを、こうして否定したのです。さらに次のような話もあります。

「お弟子さんたちが、臨終の準備として五色の紐《ひも》で阿弥陀仏の像と法然聖人の手を結ぼうと申し出ますと、それは単なる習慣であって必ずしもする必要などありません、とおっしゃいました」（御弟子ども臨終のれうの仏の御手《みて》に、五色のいとをかけて、このよしを申侍ければ、聖人これはおほやうのことのいはれぞ、かならずしもさるべからずとぞのたまひける）（同）

法然はこうして儀礼的な臨終行儀、臨終念仏を否定し、法然のために阿弥陀仏が願った本願と念仏に身をまかせきったのです。法然によれば、往生は臨終に称える念仏によるものでもなく、まして来迎によるものではなかったのです。

死の二日前の一月二十三日、弟子源智《げんち》の求めに応じ、死後の異義を防ぐために所存をしるした『一枚起請文《いちまいきしょうもん》』には、次のように述べられています。

「極楽浄土に往生するためには、ただ南無阿弥陀仏ともうして疑いなく往生させていただける、と思い定めてもうすほかには、別の理由はありません。……このほかにあれこれ考えるようなことをすれば、私たちのことを思いやってくださった釈尊と阿弥陀仏のあわれみからはずれ、本願の対象からもれてしまうでしょう」（たゞ往生極楽のためニハ、南無阿弥陀仏と申《もうし》て、疑《うたがい》なく往生スルゾト思《おも》とりテ、申外《もうすほか》ニハ別ノ子《し》さい候ハず。……此外《このほか》ニをくふかき事を存ぜバ、二尊ノあハれみニハヅレ、本願ニもれ候べし）

では最後に、法然の浄土観を見てみます。『西方指南抄』の「三昧発得記《ざんまいほっとくき》」によれば、法然六十六歳の建久九年（一一九八）正月のことが、次のようにしるされています。

「一日、法然上人は桜梅にいらっしゃる教慶《きょうけい》という僧のところからお帰りになったあと、午後三時頃から恒例になった正月七日間の念仏行をはじめられた。最初の一日には西に沈む太陽を心に念じる日想観《にっそうかん》をなさり、自然に周囲が明るくなってきたと話された。二日には清らかな水を観じる水想観を成就された。七日間の念仏行の間に、地想観の中に浄土が瑠璃でできていることも少々観られたという。二月四日の朝には、瑠璃でできた大地をはっきりとご覧になった」（一日桜梅の法橋教慶のもとよりかへりたまひてのち、未申の時ばかり、恒例正月七日、念仏始行せしめたまふ。一日明相少しこれを現じたまふ、自然にあきらかなりと。云々　二日水想観自然にこれを成就したまふ。云々　惣《そう》じて念仏七箇日の内に、地想観の中に琉璃の相少分これをみたまふと。二月四日の朝、瑠璃地分明に現じたまふと云）

『観無量寿経』にしるされている観想を実践しているのですが、このように観想するということは、ほかでもなく西方に極楽が実在するという思いの上に実践されているのですし、源信とは異なってその浄土にもどっていくとしても、やはり臨終を期として美しく荘厳《しょうごん》された浄土に往生すると考えているのです。親鸞のように現世で今、浄土に往生するというような発想にはもとづいてはいない、といえます。

いずれにせよ、このような発想が法然の浄土観の基盤になっていると思えます。ここでは、この点だけを指摘するにとどめます。

# 第三章　親鸞の新しい浄土

## 〈一〉新しい浄土の発見

親鸞は、死を契機に美しい浄土に行くという、それまでの浄土観、往生観をくつがえしてしまいます。たとえば浄土に生まれるのも死後ではなく、来迎《らいごう》の儀式も必要ないというのです。

「信じる心が定まるとき、往生も定まるのです。来迎の儀式を待ちません」（信心のさだまるとき、往生またさだまるなり。来迎の儀式をまたず）（『末燈鈔《まっとうしょう》』）

信心が定まるとき、浄土に往生することも定まってしまうというのです。ですから、もう臨終の念仏や儀式は必要がないというのです。しかもその浄土は、源信や法然が言ったような美しくきらびやかな浄土ではありません。親鸞は「極楽浄土」を「涅槃界」と言いかえて、次のように言うのです。

「『涅槃界』とは、無知による迷いをひるがえし、究極の悟りをひらく世界なのです」（「涅槃界」というは、無明《むみょう》のまどいをひるがえして、無上涅槃のさとりをひらくなり）（『唯信鈔文意《ゆいしんしょうもんい》』）

従来、西方極楽浄土は死後の世界であると信じられてきました。西方十万億の仏の国のかなたにあり、何の苦しみもなく、楽しみに満ち、金・銀・瑠璃などで飾られ、すばらしい音楽や香りに包まれた美しい世界でした。少なくとも親鸞にいたるまでの浄土教ではそのように信じられてきました。しかし親鸞は極楽浄土は単なる死後の世界でもなく、人間の願望をそそるような視覚的な世界ではない、と言い切るのです。心血をそそいだ主著『教行信証』ではこのような視覚的な浄土の姿には一言もふれず、浄土を「真仏土《しんぶつど》」と言いかえ、次のように言います。

「つつしんで、真実の仏とその浄土について思いをめぐらしてみますと、仏とは人間の言葉や思いで表わせない光に満ちた存在であり、浄土もまた無量の光に包まれた世界である」（謹んで真仏土を案ずれば、仏はすなわちこれ不可思議光如来なり、土はまたこれ無量光明

土なり）（真仏土巻）

あるいは次のようにも述べています。

「極楽浄土とは生滅したり変化したりすることがない絶対不変の悟りの世界である」（極楽は無為涅槃界《むいねはんがい》なり）（化身土巻）

つまり親鸞の言う浄土とは、単なる死後の世界でも、願望に満たされた世界でもなく、永遠で不変な悟りの世界なのです。ということは、従来とくらべてまったく新しい浄土として解釈されているということであり、新しい浄土が発見された、といってもよいと思います。

そこでまず、親鸞の言うこの浄土を少しくわしく分析してみたいと思いますが、親鸞の「浄土」、そしてその浄土に生まれる「往生」という言葉を丹念に見ていきますと、一見矛盾するような二重の使用法が見つかります。これを一応浄土往生の二重性と名づけておきたいと思います。実はこの二重性の中に親鸞の浄土の真の意味が隠されていると思えますので、二、三の側面からこの二重性について見ていくことにします。

## 1 「浄土」の二重性

親鸞は、従来信じられてきたきらびやかで視覚的な浄土を「方便化身土《ほうべんけしんど》」、その奥に隠された真の浄土を「真仏土」と呼び、浄土をまったく新しい視点から見ることになりました。つまり視覚的な世界ではなく、煩悩を離れた静かな境地、すなわち無為《むい》涅槃・寂滅の境地を本当の浄土としたのです。言いかえれば、神話的な表現に満ちた世界ではなく、神話的・視覚的な描写の奥に隠された真の世界を理解しようとし、それを見出したのです。

しかし注意すべき点は、かといってその神話的・視覚的な面を捨て去ってしまったのかというと、そうではない面もあるという点です。たとえば次のような文も親鸞は書いています。

「浄土に咲く宝蓮華の一々の花の中には百千億という無数の花びらがあり、その花びらには青・白・玄・黄・朱・紫の六色の光があり、たがいに相映じるので、六々の三十六色となり、合計三十六百千億の光明がほがらかに照らし合って、とどかないところはどこにもありません」（一一のはなのなかよりは　三十六百千億の　光明てらしてほがらかに　いたらぬところはさらになし）（『浄土和讃』）

親鸞においては、浄土は煩悩を離れ、視覚的な世界を超えた寂滅の世界、悟りの世界であると同時に、こうして美しい浄土としてもとらえられています。つまり二重性が見られるということです。ほかの例も見てみましょう。

まず『末燈鈔』には次のような文があります。少し長いのですが引用しておきましょう。

「仏さまから本当の信心をいただいた人は、仏さまと同じ心にしていただいているわけですから、たとえ自分の身があさましい穢《けが》れた身であり悪から逃れられない身であっても、心はすでに仏さまと等しいということもあるとご承知ください。……善導大師の『般舟讃《はんじゅさん》』という書物には、『信心をいただいた人の心はすでに浄土に居《こ》す』と注釈がほどこされています。『居す』ということは、信心をいただいている人の心は常に浄土に住んでいるという意味です」（浄土の真実信心の人は、この身こそあさましき不浄造悪《ぞうあく》の身《み》なれども、心はすでに如来とひとしければ、如来と申すこともあるべしとしらせ給え。……光明寺《こうみょうじ》の和尚《かしょう》の『般舟讃』には、「信心の人はその心《しん》すでに浄土に居《こ》す」と釈し給えり。居すというは、浄土に、信心の人のこころ、つねにいたりというこころなり）

親鸞の言う真実信心とは、自分で形成した信心ではなく、阿弥陀仏からたまわった信心のことですが、これをたまわった人は阿弥陀如来と心が一つですから、常に今、如来とともに浄土に住んでいるというのです。親鸞においては浄土はそのような場なのです。西方はるかかなたにある実在的な浄土というより、今、ここで常に信心を媒介にして住まわせていただくところなのです。あるいは次のような和讃があります。

「阿弥陀さまのすぐれた悲願の声をお聞きしてからは、私たち生死《しょうじ》に迷う凡夫《ぼんぶ》は、煩悩に穢れた身は変わらなくとも　心は浄土に遊ばせていただいているのです」（超世の悲願ききしより　われらは生死の凡夫かは　有漏《うろ》の穢身《えしん》はかはらねど　こころは浄土にあそぶなり）
（『帖外和讃《じょうがいわさん》』）

このような浄土は、きらびやかで視覚的ないわゆる西方極楽浄土ではなく、阿弥陀仏の悲願に出会い、その願心を聞く境地に出現する世界であり、親鸞独自な浄土です。しかし同時に問題にしなければならない点は、このような独自な浄土観とともに従来の視覚的な浄土も否定することなく取りあげられる二重性なのです。たとえば次のように視覚的な浄土について書いている点です。

「浄土の宝樹林《ほうじゅりん》から自然に発せられる微妙な音は、おのずから清らかに調和する天人のかなでる音楽のようで、あわれに澄み正しく冴《さ》えわたっています。阿弥陀さまの別のお名前である清浄楽《しょうじょうがく》に帰依しなさい」（宝林宝樹微妙音《みみょうおん》　自然清和《じねんしょうわ》の伎楽《ぎがく》にて　哀婉雅亮《あいえんがりょう》すぐれたり　清浄楽を帰命《きみょう》せよ）（『浄土和讃』）

視覚的で美しい極楽浄土の要素が取り入れられ、しかも否定されてはおりません。親鸞はなぜこのような二重性を見せているのでしょうか。あるいは、さらに次のような描写もされています。

「浄土には無数の宝樹林が満ちていて、たがいに輝き合い、一本の樹の中でも華・菓・枝・葉がまた輝き合っています。本願によって功徳を集めてくださった阿弥陀さまに帰依しなさい」（七宝樹林《しっぽうじゅりん》くににみつ　光耀《こうよう》たがいにかがやけり　華菓枝葉《けかしよう》またおなじ　本願功徳聚《じゅ》を帰命せよ）（同）

「浄土」について見てきますと、このように矛盾するような二面が見られるのです。

## ２　「往生」の二重性

「浄土」に二重性が見られるということは、その浄土に往《い》って生まれるという「往生」についても二重性が見られるはずです。そこで次にこの点について見てみましょう。
よく知られているように、『無量寿経』（『大経』）には「即得往生《そくとくおうじょう》」という言葉が出てきますが、親鸞はこの言葉を次のように解釈します。これを見ると、浄土に往生するのは死後ではないことがはっきりわかります。少し長いのですが、あえて引用してみます。

「即得往生とは、信心をいただくとき、ただちに往生させていただくということであり、ただちに往生させていただくということは、もはや心が動揺せず迷うこともない不退転の世界に住まわせていただくことなのです。不退転の世界に住まわせていただくということは、とりも直さず浄土に生まれさせていただくことが決定された正定聚《しょうじょうじゅ》の身に定められたということです。このことを即得往生というのであって、即はすなわちということ、すなわちとは時を経ず日を隔てることもないことをいうのです」（「即得往生」は、信心をうればすなわち往生すという。すなわち往生すというは、不退転に住するをいう。不退転に住すというは、すなわち正定聚のくらいにさだまるとのたまう御《み》のりなり。これを「即得往生」とはもうすなり。「即」は、すなわちという。すなわちというは、ときをへず、日をへだてぬをいうなり）（『唯信鈔文意』）

往生は死後のことではありません。信心を得たその瞬間、時を経ず、日を隔てることなく浄土に生まれさせていただく、というのです。ただ後半の文によれば、浄土に往生が定まるだけであって、即座に往生するのではないというようにも受け取れるのですが、『一念多念文意《いちねんたねんもんい》』の「浄土に生まれさせていただく身に定まる位が決定することを、往生を得るとおっしゃったのです」（正定聚のくらいにつきさだまるを、往生をうとはのたまえるなり）という文を見れば、信心をいただいた瞬間、正定聚に定められ、浄土に往生させていただき、住まわせていただくということになります。

したがって、死後ではなく、今、ここで浄土、涅槃の世界に住まわせていただけるわけです。煩悩を滅ぼすことなく、この身このまま浄土に往生させていただくことができるのです。「正信《しょうしん》偈《げ》」の「煩悩を断つことなく涅槃の世界に住まわせていただく」（不断煩悩得涅槃《ふだんぼんのうとくねはん》）という文も、この境地をよく表現しているといえましょう。

しかし親鸞はこのように言いながら、同時に、いわゆる死後に浄土に往生するといった死後往生も否定していません。たとえば次のように。

「どんなに名残惜しく思っても、この世との縁が尽き、どうしようもなくなって命が終わるときに、あの浄土に参らせていただけばよいのです」（なごりおしくおもえども、娑婆の縁つきて、ちからなくしておわるときに、かの土《ど》へはまいるべきなり）（『歎異抄』）

今、ここで浄土に往生させていただいていると思っても、煩悩にさまたげられ、往生していると思えないのが現実の人間でもあります。信心をいただき、浄土に住まわせていただいていると思いながらも、この世が名残惜しいのです。そういう人間のありのままの姿を親鸞は否定していないのです。

門弟の明法《みょうほう》の死について書かれた親鸞の書簡があります。明法とは、もと弁円《べんねん》と呼ばれた山伏で、親鸞が常陸《ひたち》在住のとき、現在の茨城県石岡市にある大覚寺の後方、板敷山《いたじきやま》の山中で、親鸞を何度も殺害しようとしましたがことごとく失敗し、逆に親鸞の弟子になってしまった人物です。親鸞に先立つこと十二年、建長三年（一二五一）、六十八歳で没しますが、その死について親鸞が書いた書簡の文です。

「明法御房《みょうほうのおんぼう》が立派に往生をとげられましたことは、お浄土に生まれたいと志しておられる常陸の方々のためには、本当に喜ばしいことです」（明法の御房の、往生の本意とげておわしましそうろうこそ、常陸の国中《くにうち》のこれにこころざしおわしますひとびとの御《おん》ために、めでたきことにてそうらえ）（『末燈鈔』）

このような往生は、実際の死を契機にする往生に当たります。

また親鸞は八十八歳のとき、常陸国奥郡にいた乗信《じょうしん》への書簡に、去年と今年は多くの人々が亡くなりましたが、無常であることは仏さまが説かれたことですし驚くことはない、死に方の善悪も問題ではないとして次のよう書いています。

「まず私善信《ぜんしん》（親鸞の別名）としましては、臨終の善悪は問題にしません。信心をいただいて心の定まった人は疑いというものがありませんから、浄土に生まれさせていただく身となっているのです。……決して学者ぶったりなさらず、浄土往生をなしとげてください。……人々にだまされないで、たじろぐことなく信心を保ち、お浄土に生まれさせていただかなければなりません」（まず、善信が身には、臨終の善悪をばもうさず、信心決定のひとは、うたがいなければ、正定聚に住することにて候うなり。……かまえて、学生《がくしょう》沙汰《ざた》せさせたまい候わで、往生をとげさせたまい候うべし。……ひとびとにすかされさせたまわで、御信心たじろかせたまわずして、おのおの御往生候うべきなり）（同）

このような文は、明らかに死後往生を説いたものといえます。このような面と、先に示した、今、ここで即座に往生するという面との間には、二重性があると思えるのです。しかし、実はこの二重性こそが親鸞の信仰の独自性であり、ここにこそ親鸞の深い宗教性があると私は考えますので、次にこの二重性の根拠について考えてみたいと思います。

## 3　二重性の根拠

まず浄土の二重性の根拠についてですが、親鸞の弟子唯円《ゆいえん》が、親鸞の教えが誤解されているのを悲しみ、異端の説を批判して書いたとされる『歎異抄』の第十七章の文を見てみます。唯円は、かつて直接親鸞に次のように言われたことを回想し、自力の者は地獄におちると非難する人々を批判しています。

「信心を欠いた自力的な念仏者は、本願を疑うことによって、浄土のかたすみにある辺地《へんじ》に生まれるのですが、疑った罪を償ってからは、真の浄土に生まれさせていただき、悟りを開かせていただくのだと親鸞聖人からお聞きしております。信心をいただいている真の念仏者が少ないため、とりあえず一人でも多く仮の浄土である方便化土《ほうべんけど》に生まれさせようとなさっているのであって、その多くの人たちは結局むなしく地獄へおちてしまうだろうなどということは、阿弥陀さまに嘘をつかせているということになるのです」（信心かけたる行者は、本願をうたがうによりて、辺地に生じて、うたがいのつみをつぐのいてのち、報土のさとりをひらくとこそ、うけたまわりそうらえ。信心の行者すくなきゆえに、化土におおくすすめいれられそうろうを、ついにむなしくなるべしとそうろうなるこそ、如来に虚妄《こもう》をもうしつけまいらせられそうろうなれ）

この文は、信心の浅い自力的な念仏者は仮の浄土の辺地に生まれるが、結局は地獄におちることになるのだと主張する異端者に対し、唯円が、そうではない、辺地に生まれても罪を償った後、真の浄土に生まれさせていただけるのだと聖人がおっしゃった、それが阿弥陀さまの本意なのだと反論する文です。その論拠として唯円は、親鸞から「信心の行者すくなきゆえに、化土におおくすすめいれられそうろう」と教えられたことをあげているのです。

本当の信心をいただいている人は少ないので、一人でも多く救いの縁を維持するために辺地に救い入れ、罪を償わせたあと、真の浄土に救い上げようとなさっているのだというのです。辺地にいる人々を切り捨てるのではなく、包容し、抱きとり、真の浄土に導こうとしているのです。否定せず、肯定しながら救いに導こうとしているのです。ここに親鸞の宗教家としての深さがあると思えます。この点をよく理解しなければなりませんし、この点を理解すれば親鸞の浄土がはっきり見えてくるのです。この点について、もう少しくわしく説明してみましょう。

辺地とは方便仮土であり、真の浄土ではありませんが、真の浄土へ導かれていく仮の浄土です。私はこの方便化土というものに注目してみたいと思います。これは正確にいうと方便化身の浄土のことですが、親鸞は次のような和讃を作っています。

「金・銀・瑠璃などの七宝で飾られた聞法《もんぼう》修道の講堂や仏さまが説法なさる場所にある菩提樹などは、方便のための仮の浄土にあるのです。疑いをもち自力の念仏をしている多くの人々も、この仮の浄土に受け入れてくださるのです。ですからこうして講堂や道場樹を考えてくださった阿弥陀さまには、心をこめて礼拝《らいはい》しなければなりません」（七宝講堂道場樹方便化身の浄土なり　十方来生《じっぽうらいしょう》きわもなし　講堂道場礼《らい》すべし）（『浄土和讃』）

親鸞は、真実の浄土すなわち真仏土に浄土の本質を発見しますが、化身土を決して否定したり軽視してはいません。むしろ人々を救済するためにあえて化身土、辺地を説いた如来の意志に深く感謝し、その意図を汲もうとしているのです。辺地や方便仮土は、真の浄土ではないが、真の浄土へ導かれていく尊い浄土なのです。このような二重の浄土が親鸞の心中において常に同時に包容されているのです。私はここに親鸞の宗教性を見るものです。

したがって親鸞においては、浄土は今、生まれさせていただくところであり、また死後生まれさせていただくところであり、そして疑って辺地に住むことになっても、やがてはそれを償い必ず生まれさせていただくところなのです。自力的な念仏者、疑いを抱く念仏者も否定することなく、包容し、抱きとっていくのが如来の慈悲であり、親鸞の信仰であり、浄土はそれほど広大で慈悲に満ちたところなのです。ですから二重性は矛盾するものではなく、両方とも救いとられ、抱きとられるためのものだということです。きらびやかな浄土も涅槃の浄土に導いていく一つの方便の浄土であったのです。だからこそ、親鸞は寂滅の浄土、涅槃の浄土、悟りの浄土を説きつつ、従来の視覚的な浄土も説いた、と考えるべきでしょう。

では最後に往生の二重性について考えてみますが、よく知られているように『歎異抄』の第九章に次のような文があります。

「遠い遠い過去から今まで、生まれかわり死にかわりして流転してきた苦悩の世界なのに、これを捨てられず、これから生まれさせていただく安らぎに満ちた浄土を恋しいと思えないのは、よくよく煩悩がさかんだということです。……しかし急いで参らせていただきたいと思えない者こそを、特にあわれんでくださるのです。このようなわけですから、いよいよ深い慈悲によっておこされた阿弥陀さまの願いはたのもしく、浄土に往生させていただくことはまちがいないと思いなさい」（久遠劫《くおんごう》よりいままで流転せる苦悩の旧里《きゅうり》はすてがたく、いまだうまれざる安養《あんにょう》の浄土はこいしからずそうろうこと、まことに、よくよく煩悩の興盛《こうじょう》にそうろうにこそ。……いそぎまいりたきこころなきものを、ことにあわれみたまうなり。これにつけてこそ、いよいよ大悲大願はたのもしく、往生は決定《けつじょう》と存じそうらえ）

親鸞の信仰によれば、本来は、信心をいただいた今、往生が決定されるのであって、信心をいただけない者は、論理的には否定されるべきです。しかし親鸞によれば、往生できない者こそが如来によってあわれまれるのであり、いよいよ往生は決定するというのです。

命あるときに往生が決定される者も、あるいはそれができず命終わるときに決定される者も、ともに阿弥陀如来の大悲の中に救い上げられるのです。ここにおいて即得往生の往生と死後往生の往生の二つの往生が一見矛盾しつつも、ともに成立することになるのです。したがって現実的には、信心を得たとき、そのまま浄土に住まわせていただく、しかし煩悩をもっての人生であるから、完全には浄土に住み得ない、そのため死を契機に如来に導かれて真の浄土に住み、悟りをいただいて涅槃の世界に住むという意味での新しい浄土が提示されることになったのです。二重性を通して、新しい浄土が発見されたのだともいえます。

この浄土は、親鸞の深い思いやりによって発見された浄土であり、よく考えれば、釈迦・弥陀の方便の本意が、親鸞の内に再現されたともいえるのではないでしょうか。

## 〈二〉なぜ新しい浄土を発見したのか

ではここで、親鸞以前には考えられなかったこのような新しい浄土が、なぜ親鸞によって発見されたのかを、彼の求道の足跡をたどりつつ考えていきたいと思います。

養和元年（一一八一）に得度《とくど》した親鸞は、得度の儀式をしてもらった青蓮院《しょうれんいん》の慈円《じえん》のもとにしばらくとどまり、翌年慈円とともに比叡山に入山。東塔《とうとう》、無動寺《むどうじ》大乗院に入ったといわれます。

比叡山では、僧になるには成年に達しなければならず、それ以前は沙弥《しゃみ》（見習い僧）の生活であり、ひたすら仏教を学ぶ時期でした。日本天台宗の開祖最澄《さいちょう》の著した『山家学生式《さんげがくしょうしき》』によれば、十二年間の籠山《ろうざん》修行をしなければなりませんが、それ以前に九年間の準備を必要としました。したがって十九歳頃まではひたすら勉学がなされたはずです。

天台宗が最も重視する『法華経』を学び、密教を修し、心を一点に止めて真理を観ようとする止観《しかん》などを実修し、ひたむきに戒律を守りました。親鸞を出家させた父の意志を汲み、亡き母の願いにこたえるために。

九年間の見習い時代はまたたく間にすぎますが、この頃、修行に一区切りをつけるため河内国磯長《しなが》にある聖徳太子廟《びょう》に参詣し、お籠《こも》りをしたといわれます。しかしこのとき重大なことが起こります。二日目の深夜、恐ろしい夢を見たのです。尊敬していた太子が夢に現われ、「汝の寿命はもはや十数年しかない」（汝命《みょう》根《こん》応十余歳）（『正統伝』）と告げたというのです。

このことは、それまでの父のため、母のため、あるいは自分の出世のための修行などは真の修行ではない、死を目の前にしてどう生きるかという求道こそが真の修行にならなければならないということに気づかせることになりました。うすうす親鸞が感じていたことが、これによって明確になったのです。

学問をすれば知識は増えますが、求道が中心になると、その知識は逆に迷いを深める材料にもなります。自分は肝心なことは何も知らない愚かな存在なのだ、悟りに近づくどころかいよいよ煩悩に犯され地獄におちるほかない存在なのだ、という思いが激しく親鸞を責めるようになります。後に親鸞は『歎異抄』の著者唯円に吐露しています。

「どんな行もおよびがたい自分であるから、地獄へおちるしかない」（いずれの行もおよびがたき身なれば、とても地獄は一定《いちじょう》すみかぞかし）（『歎異抄』）

この思いの原点はすでにこの頃生まれていたはずです。

太子廟から比叡山にもどった頃、親鸞の山内での地位が堂僧《どうそう》と決定されました。がく然とし、失意に襲われたことでしょう。堂僧とは、高僧となるべきエリートコースの学生《がくしょう》と異なり、常《じょう》行三昧堂《ぎょうざんまいどう》で不断念仏などを行なう地位の低い僧でしたから。世俗化していた当時の比叡山では、学生は栄華をほこる貴族の出でなければなりませんでした。貧乏貴族の出身では無理だったのです。父母の願いを裏切ることになった親鸞は、死に物狂いで求道に励むことになります。

すると見えてくるのは醜い自分の姿でしかありませんでした。名誉を求めて失望する自分、悟りを求めながら煩悩に襲われ地獄にしか行けない自分、そしてこの頃しきりにわき起こるようになった破戒的な性の衝動……。求道に疲れはて、挫折と絶望に打ちひしがれながらもひたすら耐えぬくのですが、とうとう二十九歳のとき、山をおりる決心をします。

死を目前にしながら、醜い姿でしかない自分はこれからどう生きればよいのか、いたたまれない気持ちで山をおりた親鸞は、どこへ行けばよかったのでしょうか。やはり聖徳太子のもとに行くしかありませんでした。

考えあぐねた親鸞は、六角堂頂法寺《ちょうほうじ》に籠《こも》ることになります。この六角堂は聖徳太子によって建立されたといわれ、本尊は観音菩薩、行く末に悩む人々が夢告《むこく》を授かる寺でした。親鸞は後に次のように述べています。

「弥陀の大慈悲を示してくださる観音菩薩は、日本に聖徳太子として現われ、慈父のようにあわれみまもってくださっています。また観音菩薩は母のように寄りそってまもってくださっています」（大慈《だいじ》救世《くせ》聖徳皇《しょうとくおう》　父のごとくにおわします　大悲《だいひ》救世《くせ》観世音《かんぜおん》　母のごとくにおわします）（『正像末和讃《しょうぞうまつわさん》』「皇太子聖徳奉讃《しょうとくほうさん》」）

彼にとって、太子は強く自分を導いてくれる父のような存在であり、同時に自分の悩みを包みこんでくれる母のような存在でもあったのでしょう。

六角堂に百日の間籠る決心をした親鸞は、不眠不休で観音菩薩に対坐し、自分の行くべき道を問い続けました。三ヶ月をすぎた九十五日目の明け方、疲労の極限に達した親鸞は不覚にもうとうと眠りはじめてしまいました。しかしそのとき、観音菩薩が彼の目の前に姿を現わす夢を見ます。

本願寺三代覚如《かくにょ》の書いた『御伝鈔《ごでんしょう》』には次のようにしるされています。

「六角堂の救世《くせ》観音は、端正でおごそかなお顔をなさり、白い袈裟《けさ》を召《め》され、大きな蓮の華の上にきちんとお座りになって、親鸞聖人にこう告げられました。『修行者のあなたが、もし過去世の業報《ごうほう》によって女性を求めるなら、私は玉のように美しい女性となって添いとげ、あなたを浄土に生まれるよう導いてあげましょう』と」（六角堂の救世菩薩、顔容端厳《げんようたんごん》の聖《しょう》僧《そう》の形を示現《じげん》して、白衲《びゃくのう》の袈裟を着服《ちゃくぶく》せしめ、広大の白蓮華《びゃくれんげ》に端坐して、善信《ぜんしん》に告命《ごうみょう》してのたまわく、「行者宿報設女犯《ぎょうじゃしゅくほうせつにょぼん》　我成玉女身被犯《がじょうぎょくにょしんぴぼん》　一生之間能荘厳《いっしょうしけんのうしょうごん》　臨終引導生極《りんじゅういんどうしょうごく》楽《らく》」）

　このとき、親鸞は激しく気づかされたのです。異性を求めることは仏教の教えに反しない、求道の障害にもならない。性の問題、愛欲の問題、さらには人間の煩悩のすべてを否定する必要もないし、滅することもない。それらすべてを背負ったまま、実は仏のほうから導いてくださるのだ、と。だから修行をする能力のない者、その時間すらもたない人間であっても救われるのであり、戒律を守れないままに、さらには戒律を守ることなくして、仏の救いにあずかるのである、と。このような思いには、すでに法然の信仰に通じるものがあります。

　実は、親鸞はすでに十年ほど比叡山の常行堂で不断念仏を修してきました。ですから比叡山をおりて京都の市井《しせい》の吉水で念仏の教えを説き、広く人々の帰依を集めていた法然の教えには強い関心をよせていたはずです。しかし人が新興宗教に危険性を感じるように、慎重な性格であった親鸞は法然のもとに直行することをためらっていたのです。しかしこのことは同時に背中を一押ししてもらいたいという思いでもありました。六角堂夢告はこの一押しを求めることでもあり、それが実現したということでもあったと考えられます。決心がなされました。法然の念仏の真意を問い、煩悩から逃れ得ない人々にそれを伝え、残り少ない命をまっとうしよう、と。

法然のもとに行った親鸞は、しかしすぐに心の平安を得たわけではありませんでした。親鸞の苦悩はそんなに軽いものではなかったし、そんなに軽い人間でもなかったのです。百日の間、現在の知恩院の近くにあった法然の吉水の草庵に通いつめます。比叡山で得た天台教義や常行堂の不断念仏と、法然の説く教えを対比させ、執拗《しつよう》に法然の胸のうちを聞き取ろうとします。

後に親鸞の妻恵信尼《えしんに》は、親鸞が「百日の間、降る日も照る日も、どんなことがあっても必ず通われました」（百か日、降るにも照るにも、いかなる大事にも、参りてありし）（『恵信尼消息』）と書簡に書いていますが、徐々に親鸞の胸中に変化が起こりはじめ、次第に法然の念仏の教えが親鸞の心に入りはじめます。

では、このように親鸞の心を法然の念仏の教えに導いたものは何であったのでしょうか。それは単なる理論ではなく、まず法然の人間性であったと私は思います。恵信尼は先の書簡に、親鸞は法然上人が行かれるならたとえ悪道におちてもついて行く、と語っていたと伝えていますし、『歎異抄』で親鸞は、念仏は浄土に生まれる原因になるのか、地獄におちる原因になるのかまったくわからない、ただ私は「法然聖人にだまされ、念仏して地獄におちることになっても少しも後悔しません」（法然聖人にすかされまいらせて、念仏して地獄におちたりとも、さらに後悔すべからずそうろう）と言い切っています。だまされて地獄におちてもよい、というのです。親鸞にそうまで言わせた法然とは、どんな人であったのでしょうか。先の章で少し触れましたが、もう一度彼の人柄について考えておきます。

法然は、長承二年（一一三三）、美作国《みまさか》、現在の岡山県に生まれます。しかし九歳のとき、当地の押領使《おうりょうし》であった父漆間時国《うるまときくに》は夜襲を受け、非業《ひごう》の死を遂げることになりました。法然はわずか九歳にして修羅場を見てしまったのです。この年の暮れに出家し、菩提寺にて剃髪《ていはつ》。十三歳で比叡山に入り、天台教義を学び、その後四十三歳で念仏の教えを得るまで、ほぼ三十年間比叡山にとどまります。

秀才の誉れ高く、後に「われ聖教《しょうぎょう》を見ざる日なし」と回想するほど真剣に勉学に励むのですが、その勉学や修行は求道を満たしてはくれませんでした。どこか親鸞の境遇と似ているのです。三十年の苦悩の姿はすでに引用しましたように、「戒律を守ることも、精神を集中することも、真実の智慧を得ようとつとめることもできない。この三学のほかに私が救われる道はあるのだろうか。私にできる修行はあるのだろうか」というものでした。学問や修行によってはどうしても救われなかったのです。

人々に語り聞かせる法然の姿の中に、親鸞は自分と同じ苦悩をした人を見、その苦悩の根幹を聞き取っていったのです。子供の頃、すでに親鸞より悲惨な目にあい、親鸞より十年以上も長く比叡山で苦悩し続けた法然に自分を重ね、その法然を救った念仏の教えを心と体で聞き取ろうとしたのでしょう。頭で理解しようとしたのではありません。

その法然が今、目の前にいるのです。長年の苦悩がまったくその表情にはない。法然はこのとき六十九歳でしたが、おだやかな姿は正に救われた人間そのものの姿でした。親鸞はその法然の姿に心を奪われてしまったのです。心を奪われた親鸞は、法然の心の軌跡を追い求めていきます。それほど苦労した法然が、なぜこのようにおだやかに生きていられるのか……。

法然が、唐の善導《ぜんどう》について話すとき、温顔が一層輝きを増すことに気づきました。法然が回心《えしん》を得たのは、この善導の影響によるものであったからです。長い求道生活に疲れきっていた法然は、四十三歳のとき、この善導が著わした『観経疏《かんぎょうしょ》』を読み、それまでの苦悩が一気に氷解したのです。ただ一心にひたすら念仏する、これこそが本当の行だ、なぜならこのことこそが「仏の願いに順ずるが故」であるからだ。仏はひたすら人々を救おうと願っておられる、その仏の願いにこたえるには、自分の力に頼って何かをするのではない、仏の呼び声に素直にこたえ、念仏するだけでよい、それがすべてなのだ、と気づいたのです。

子を呼ぶ母には、子はただ「お母さん」とこたえるだけでよいのです。母に気に入られようとして何かをする必要などまったくない。あれこれしようとすればするほど母親の愛情はわからなくなってしまうのです。

どんな批判、非難にも動じず、おだやかに生きる姿、その温顔の奥に、法然を生かしている阿弥陀仏の願い、すなわち本願の力を親鸞は感じ取ったのでした。

あらためて親鸞は阿弥陀仏の本願に思いをはせます。それまで親鸞は阿弥陀仏に近づこう、あるいは阿弥陀仏に救われるに値する人間になろうと努めてきました。しかしこれは仏の心を無視することであったと気づいたのです。修行をする余裕のある親鸞であれば、それもある程度可能であったでしょう。しかし行を行なう時間も能力もない人間はどうすればよいのか、永遠に救われないのではないか。そんな人々のために仏みずからが救いを用意していたのです。救いに身をまかせることがすべてであったのです。

阿弥陀仏は、仏になる以前の法蔵《ほうぞう》菩薩のとき、「一切の苦悩する衆生」を悲しみあわれみ、長く苦しい思索の後、ただ仏を信じその名を呼ぶだけで苦悩を離れさせ得ると気づかれ、われわれに呼びかけてくださっていた、と親鸞は気づいたのです。仏ご自身がすでに親鸞以上に苦労してくださっていたと気づいたのです。ほかでもなく、この衝撃的な「気づき」が親鸞の回心《えしん》となったのです。この気づきはまた、後に次のような告白の言葉にもなります。

「救いの方法を長い間考えてくださった阿弥陀さまの願いは、よくよく考えてみればまさにこの私親鸞一人のためであった」（弥陀の五劫思惟《ごこうしゆい》の願をよくよく案ずれば、ひとえに親鸞一人《いちにん》がためなりけり）（『歎異抄』）

さらには、この喜びは如来の大悲、そしてそれを伝えてくださった法然上人ら高僧方のお蔭であるという感謝の念となり、後に次のような和讃となって結実します。

「阿弥陀さまがひたすら私を思ってくださるご恩には、身《み》を粉《こ》にしても報いなければならない、釈尊をはじめとする三国の高僧方の恩徳には、骨をくだいても感謝しなければなりません」（如来大悲《にょらいだいひ》の恩徳《おんどく》は　身を粉にしても報ずべし　師主知識《ししゅちしき》の恩徳も　ほねをくだきても謝すべし）（『正像末和讃』）

しかしこのような回心はさらに深められ、親鸞独自な信仰の境地に到達することになります。と同時にこのことは、法然の言う浄土とは異なる浄土を見出すことにもなったのです。

ここで彼の主著『教行信証』の「信巻」を取りあげてみたいと思います。この「信巻」は、阿弥陀如来が『無量寿経』に誓った第十八願にもとづいて真実の信心は自力の信心ではなく弥陀のほうから回向《えこう》されるもの、すなわちいただくものであることを詳細に論じたものですが、彼はこの巻の初めに引用します。

「『大経（無量寿経）』にお説きになっています。『もし私が仏になるとき、あらゆる世界に住んでいる人々が、心の底から私を信じ喜び、私の浄土に生まれたいと願い、たった一声ないし十声の念仏を称《とな》えるだけであっても、生まれることができないようなら、私は決して仏にはなりません。ただ、五逆の罪を犯した者と仏の教えを誹謗《ひぼう》する者は除く』と」（『大経』に言わく《のたま》、設い《たと》我《われ》仏を得たらんに、十方の衆生、心《しん》を至《いた》し信楽《しんぎょう》して我が国に生まれんと欲《おも》うて、乃至《ないし》十念せん。もし生まれざれば正覚《しょうがく》を取らじと。ただ五逆《ごぎゃく》と誹謗正法《ひほうしょうぼう》を除く、と）

この第十八願に親鸞は心を奪われたのです。何の行も必要なく、ただ仏を信じ、念仏さえすればよいのですから。そうでなければ仏にならないとまで誓われているのですから。ということは、何の修行もできない凡夫に全身全霊を如来が捧げているのです。少なくとも親鸞はそう受け取っているのです。

ですから彼は最後に書かれている五逆（父を殺したり・母を殺したり・尊い修行者を殺したり・さらには仏身を傷つけたり・法を聞く者の和合を乱したりすること）と正法を誹謗する人間を除くという表現も、除くのではなく、念仏させることによって除かれないようにさせますという誓いであると読み取るのです。右の文ではそのまま除くと書かれていますが、たとえば『教行信証』の「信巻」には、「如来は、人がこの二つの罪をおかすことを恐れて、方便としてこんな罪をおかすと往生できなくなるぞとおっしゃっただけであり、本当は往生を考えてくださっているのです」（ただ如来、それこの二つの過《とが》を造らんを恐れて、方便して止《とど》めて「往生を得ず」と言《のたま》えり、またこれ摂《せっ》せざるにはあらざるなり）と述べています。こうしてあらゆる者、特に何もできない、救われがたい人々を救いとるべく全力を尽くそうとする如来の願い、誓いに親鸞は全身全霊を傾け、その意志を問いただしていったのです。

その結果、その本願を如来が成就した文、つまり本願成就《ほんがんじょうじゅ》の文《もん》を、すでに少し触れましたが、独特な、それまで読まれたこともない読み方をすることになります。この『無量寿経』の中の本願成就文というのは、漢文では次のように書かれています。「諸有衆生、聞其名号、信心歓喜、乃至《ないし》一念。至心回向、願生彼国、即得往生、住不退転。唯除五逆誹謗正法」。この漢文を親鸞は次のように読みます。傍点の部分に注意してください。

「あらゆる衆生、その名号を聞きて、信心歓喜せんこと、乃至一念せん。至心に回向せしめたまえり。かの国に生まれんと願ずれば、すなわち往生を得《え》、不退転に住せん。ただ五逆と誹謗正法とをば除く」（「信巻」）

この文を現代語訳してみますと、次のようになります。

「あらゆる人々が阿弥陀さまの名を聞いて信じさせていただき、喜びに満ちて一度でも念仏もうすとき、実はその行為はすべて阿弥陀さまが真心によって人々に回向して（与えて）くださっていたのです。ですから、浄土に生まれたいと願えば、たちどころに浄土に生まれさせていただき、不退転の境地に住まわせていただけるのです。ただ五逆をおかす人と正しい法をそしるような人は除かれてしまいますから、（それをやめ、くれぐれも阿弥陀さまの回向に気づかせていただきなさい）」

普通の漢文の読み方であれば、仏の名を聞き、信心をおこし、喜んで一度だけでも念仏し、この功徳を自分や亡くなった人のために回向する（振り向ける）という意味で「至心に回向す」とでも読むところですが、親鸞は信心も念仏することも、すべて如来のほうから与えられているという意味で「至心に回向せしめたまえり」と読んでしまったのです。これは驚くべきことです。信じようとする努力も念仏しようとする行為ももはや人間のほうから出るものではないというのです。

法然においては念仏することは人間の行でした。しかし親鸞においては念仏すら、如来のほうの行です。表現を変えれば、人間の中で、仏が念仏もうされているということでもあります。これほどに親鸞は仏の慈悲を深く感じ取ったともいえるわけです。他力の根本を発見したともいえましょう。ですから、五逆と誹謗正法についても、そのまま経典通り引用していますが、実際は救いの対象になっているのです。

さて、ここまできて浄土の問題をもう一度考えてみましょう。

右の文中の、「かの国に生まれんと願ずれば、すなわち往生を得、不退転に住せん」の部分に注目してみます。

浄土に生まれようとする努力はもはや必要のないことになります。信心も念仏もすでに如来に用意され、そのままいただき、頂戴しているのなら、浄土に生まれることさえいただいているわけですから。もはやなんら動揺することもなくなります。不退転の境地に住まわせていただいていることになるのです。したがって臨終も来世も問題にはならなくなります。今、ここで浄土に往生させていただいているのです。ここに至って、源信や法然とも異なった浄土が発見されることになったのです。

しかしこれは信心をいただいていると気づく瞬間のことであって、煩悩にまみれた衆生にとっては、なかなかこれを保持することはできません。ですから親鸞自身も死を契機に真の浄土に生まれるといった、一見矛盾するようなことを言わねばならなかったのです。

では次に、親鸞は彼の生涯の中でこの新しく発見した浄土をどのように体験し、どう生きていったのかを見、新しい浄土の意味を再確認してみましょう。

## 〈三〉新しい浄土を体験し、死を超えた生涯

あるとき、浄信という門弟が手紙で親鸞に、信心をいただいた「この人は、この世にいるときから如来と等しい身であると思われます」（この人はすなわち、このより如来とひとしとおぼえられ候）（『御消息集』）が、いかがでしょうか、とたずねてきました。これに対して親鸞は次のように答えています。

信心をいただいたということとは、仏となる身から退くことのない位《くらい》（不退《ふたい》の位）、浄土に生まれる身となっている位（正定聚《しょうじょうじゅ》の位）、仏となることが約束された身となる（等正覚《とうしょうがく》にいたる）ことでもありますので、すべての仏も喜ばれ、称讃されています。『阿弥陀経』には、すべての限りない数の仏たちが護《まも》ってくださるとしるされていると答えています。しかしその後に続く次の文が、非常に大切であると私は思うのです。

「浄土に生まれた後に護ってくださるというのではないのです。娑婆にいる間に護ってくださるということなのです。まことの信心をいただいた人の心を、すべての数限りない如来がほめてくださるから、仏と等しいというのです」（安楽浄土へ往生してのちはまもりたまう、

と申すことにては候わず、娑婆世界にいたるほど護念すと申す事なり。信心まことなる人のこころを、十方恒沙《じっぽうごうじゃ》の如来のほめたまえば、仏とひとしとは申す事なり）（同）

浄土に生まれてから護られるのではなく、すでにこの世の、ここで、今護られているというのです。救いは今ここではじまっているのであり、死後に期待することではないのです。従来は死後に極楽浄土へ行って初めて救われるかのように説かれてきましたが、救いは今、ここからはじまるのであり、したがって浄土も、単に死後に行くはるかかなたに実在する空間ではありません。信心をいただくとき、浄土は目前に近づき、出会い、開けてくるものであって、体験できるものとなるのです。正しく浄土に生まれることが約束されているというのは、死んでから初めて浄土に生まれ、救われるということではないのです。その約束されていることに無限の喜びを得ることであり、今、ここでその約束をしみじみと実感し、体験することなのです。このことを諸仏も喜んでくださっているというのです。親鸞の言う救いとはこのことをいうのです。

しかし、それならば親鸞はなぜ死後の浄土もあるというような考え方をするのでしょうか。今、すでに私は浄土にいるのだとなぜ断言しないのでしょうか。この身このままで浄土に住んでいるのであって、今すでに私は仏にしていただいているとなぜ宣言しないのでしょうか。

しかしそう断言しないところに、実は親鸞の真の宗教者の姿があるのです。

「しのぶの御房の御返事」という書簡があります。この「しのぶの御房」は門弟の真仏《しんぶつ》ではないかといわれていますが、いずれにせよ、次のようなことが書かれています。

「信心が定まるというのは、阿弥陀さまの心に摂取《せっしゅ》され救いにあずかるときなのです。その後は、浄土に生まれる身となっているので、本当に浄土に生まれるまでは、その身のままに安らうものと見えます」（信心のさだまると申すは、摂取にあずかる時にて候うなり。そのちは、正定聚のくらいにて、まことに浄土へうまるるまでは、候うべしとみえ候うなり）（同）

信心が定まったとき救いにあずかるのですが、真の浄土に生まれるのはそのときではないというのです。浄土に生まれるまでは、その救いに安らうのであって、真の浄土に生まれ、住んでいるとは親鸞は言わないのです。なぜでしょうか。実はここが非常に重要なところなのです。確かに救われているのですが、人間には煩悩があり、肉体をもっています。執拗な煩悩を親鸞は知り抜き、体験し抜いていました。次のように告白します。

「今生《こんじょう》においては、煩悩を断ち切ることなど、とうていできません」（今生においては、煩悩悪障を断ぜんこと、きわめてありがたき）（『歎異抄』）

また次のようにも告白します。

「善いことをしようとしても悪に沈んでいってしまう自分を止めることはできない。私の心は蛇やさそりのように煩悩に毒されてしまっている」（悪性《あくしょう》さらにやめがたし　こころは蛇《じゃ》蝎《かつ》のごとくなり）（『正像末和讃』）

さらには次のように悲歎します。

「浄土のまことの教えに帰したが、真実の心はもてない。うそ偽りのわが身であって、清《しょう》浄《じょう》な心も、とうていもつことなどできない」（浄土真宗に帰《き》すれども　真実の心《しん》はありがたし　虚仮《こけ》不実《ふじつ》のわが身にて　清浄の心もさらになし）（同）

仏教学者の鈴木大拙は「私の解釈では、浄土はまさしくここにあるのです。具眼《ぐがん》の人はここで浄土を見ることができます。アミダは遠くにあるところの浄土を統制しているのではなく、アミ

ダの浄土はこの穢土《えど》そのものであります」（『真宗入門』）と言います。確かに理論上はそうなると
いってよいでしょう。しかし親鸞においては煩悩に眼《まなこ》をさえぎられ、なかなか浄土が見えないの
です。煩悩にしばられて生きる身には、救われている喜びは身にしみても、なかなかこの穢土が
浄土には見えてこないのです。理論上は親鸞も「煩悩を断ち切ることなくして涅槃を得る」（不
断煩悩得涅槃）（『教行信証』）と言うのですが、煩悩はとうてい断ちがたいとも告白せざるを得な
かったのです。

しかしこの告白こそが大切なのです。この告白があるからこそ、浄土にも往生にも二重性が生
まれるのですし、煩悩から逃れられない人々も救いが感じられ、救いの体験ができるのです。救
われているのに煩悩から離れられない状況から浄土の体験がなされる、そこに親鸞の浄土観の基
盤があるのです。

よく知られているように、康元元年（一二五六）、八十四歳のとき、親鸞は実子善鸞《ぜんらん》（慈信《じしん》）を
義絶（勘当）しています。親鸞帰京後、関東に異義が起こったため、父の代理としてその異義を
正すために下向した善鸞でしたが、父の教えとはまったく異なったことを唱えはじめ、父を裏切
ることになってしまいました。その善鸞を勘当したのです。悲しくつらいことでした。深い煩悩
を感じざるを得ませんでした。浄土往生が定められていながら、それを裏切る人間が、浄土に住
まわせていただくことなど不可能だ、人間はそれほど浅ましいのだ、と親鸞は感じざるを得ませ

んでした。指導的な存在として常陸《ひたち》で布教していた門弟性信《しょうしん》に、善鸞義絶を決意して送った手紙の中で、親鸞は次のように悲しんでいます。

「慈信（善鸞）が説いた教えのために、常陸・下野《しもつけ》の念仏もうしておられる方たちの様子が、以前うけたまわっていた姿とはすっかり変わってしまわれたと聞いております。かえすがえす情けなく浅ましく思います。以前から必ず浄土に往生させていただけると言っておられた人々が、皆慈信と同じように虚言を言うようになられたとも知らず、今まで深く信頼しておりましたことは、本当に残念でございます」（慈信が法文《ほうもん》の様《よう》ゆえに、常陸・下野の人々、念仏もうさせたまいそうろうことの、としごろうけたまわりたる様にはみなかわりおうておわしますときこえそうろう。かえすがえす、こころうくあさましくおぼえ候う。としごろ往生を一定《いちじょう》とおおせられそうろう人々、慈信とおなじ様にそらごとをみなそうらいけるを、としごろふかくたのみまいらせてそうらいけること、かえすがえすあさましうそうろう）（『親鸞聖人血脈文集《けちみゃくもんじゅう》』）

さらに親鸞はこの手紙に追伸まで書き、次のように書き加えます。

「繰り返しますが、お念仏もうされる方たちの信心はゆるぎないものと思っておりましたが、すべてが嘘いつわりでした。これほど第十八の本願を捨ててしまっておいでになった方たちのお言葉を信頼しておりましたことが、まことに情けなく思われます」（なおなおよくよく念仏者達の信心は一定《いちじょう》とそうらいしことは、みな御《おん》そらことどもにてそうらいけり。これほどに第十八の本願をすてまいらせおうてそうろう人々の御ことばを、たのみまいらせてとしごろそうらいけるこそ、あさましうそうろう）（同）

堅固な信心をもっていると信頼していた人々に裏切られてしまったのです。教えの核心である第十八の願を簡単に捨ててしまうような人に信頼を寄せていた自分を恥じると同時に、いかに真の信心を保つことがむずかしいか、そしていかに人間の煩悩が執拗で根深いものであるかに親鸞はがく然としているのです。信心をいただき、浄土に生まれることが約束されていたにもかかわらず、その境地に生き続けることがいかに困難なことかを思い知らされたのです。

理論上では、今ここで浄土に生まれさせていただけるはずなのに、実際は、やはりそれは不可能なのだ。であれば、死を契機に煩悩が朽ち去ったときに浄土に導いていただくほかない。そうでなければ煩悩にしばられた人間が浄土に往生する道は閉ざされてしまう。そこで親鸞は死を契機とした浄土往生も願ったのです。理論上の往生も現実的な往生も矛盾を承知で願う、ここに生身の人間親鸞がいると考えるべきでしょう。

さて、正元元年（一二五九）と翌文応元年には諸国に飢饉が起こり悪疫が襲い、多くの死者を出しました。道には骸骨が満ちていたといわれます。この文応元年、八十八歳の親鸞は常陸奥郡に住む乗信にあてて書簡を書くのですが、その中に次のような文があります。

「何よりも、昨年と今年老若男女の多くの人々が相ついでお亡くなりになりましたことは、おいたわしい限りです。しかし生死無常の道理は如来がくわしく説き置かれたことですから、驚いていてはいけません。とにかく私の場合は、人が死にゆくさまの善し悪しなどはとやかく申しません。信心が定まった人は疑いというものがありませんので、正定聚の位に住んでいるのです。だからこそ愚かな人も無知な人も最後をまっとうすることができるのです」

（なによりも、こぞことし、老少男女おおくのひとびとのしにあいて候うらんことこそ、あわれにそうらえ。ただし、生死無常のことわり、くわしく如来のときおかせおわしましてそうろううえは、おどろきおぼしめすべからずそうろう。まず、善信が身には、臨終の善悪をばもうさず、信心決定のひとは、うたがいなければ、正定聚に住することにて候うなり。さればこそ、愚痴無智のひともおわりもめでたく候え）（『末燈鈔』）

目の前に死にゆく人々を見、親鸞自身も体の衰えをひしひしと感じてはいましたが、死にぎわの善し悪しなどは問題にならないと言い切っているのです。死にぎわがよければ極楽浄土に、悪ければ地獄になどとは言わないのです。どんな死に方をしようと信心が決定している人は浄土に生まれさせていただけるからです。だから愚かな人も無知な人も最後をまっとうすることができるというのです。信心の人は死に打ち勝っているということでもありましょう。言いかえれば、臨終に浄土に往生するということではなく、浄土に往生することが定められているということが、死を打ち破らせているということでもあります。

この手紙を書いた前年、つまり正元元年、門弟真仏の叔父といわれる高田の入道という人物に宛てた手紙に、次のように書いています。

「覚信房も去る年ごろ亡くなりましたが、先立たれても必ず浄土で待っておられるでしょうから、必ずお会いできるに違いありません。あえて申すにおよびません。また覚念房がおっしゃっていたことも、少しも私と変わりませんでしたから、必ず一緒のところでお会いできることでしょう。……入道殿のお心も私の心と少しも変わっておられませんので、私が先立って参りましても、浄土でお待ちしているでしょう」（かくしんぼう、ふるとしごろはかならずかならずさきだちてまたせ給い候うらん。かならずかならずまいりあうべく候えば、申すにおよばず候う。かくねんぼうのおおせられて候うよう、すこしも愚老にかわらずおわしまし候えば、かならずかならず一《ひとつ》ところへまいりあうべく候う。……入道殿の御こころも、すこしもかわらせ給わず候えば、さきだちまいらせても、まちまいらせ候うべし）（『御消息拾遺』）

覚信房も覚念房も親鸞に先立っていったが、親鸞と信じることが同じであったので、必ず浄土で会えるというのです。これは死後のことではあっても、単なる死後の世界ではありません。死というものが一つの契機となってはいても、これは単なる死後の世界ではなく浄土という世界におけることなのです。生死の世界とかかわりながらも生死を超えた世界なのです。信仰の世界です。死んだら先祖に会えるというのではなく、同じ信心を得ているから同じ信心の浄土の世界に生まれ、会えるという次元でのことなのです。だから同じ信心をいただいている入道を親鸞は浄土で待っていると言えるのです。信心を得て、浄土を体験しているからこそ出てくる見方なのです。

また有阿弥陀仏《うあみだぶつ》という人物への返信の中に、次のような文が見られます。

「私は今はすっかり年をとってしまいましたので、きっとあなたに先立って浄土に往生することでしょうから、浄土で必ずあなたをお待ちしているでしょう」（この身はいまはとしきわまりてそうらえば、さだめてさきだちて往生しそうらわんずれば、浄土にてかならずかならずまちまいらせそうろうべし）（『末燈鈔』）

人々の死を見つめ、そして自己の死に直面しながら、煩悩の執拗さに苦しみつつ、最後まで浄土に生まれると約束された正定聚であることを喜び、死を超えて浄土に往生しようとしたのです。その希望と喜びが超人的な高齢での著作の意欲にもなり、襲いかかる晩年の数々の不幸に打ち勝つエネルギーにもなっていったと思えるのです。

このエネルギーは、戦乱の時代に生き抜き、本願寺教団を飛躍的に発展させた蓮如《れんにょ》（一四一五〜一四九九）にも受け継がれてゆきます。

## 〈四〉蓮如の浄土体験

まず最初に蓮如の生涯と人柄について、簡単に触れておきましょう。

応永二十二年（一四一五）、蓮如は京都東山大谷にあった本願寺に、第七世存如《ぞんにょ》の子として生まれましたが、問題は母です。この母は、名前もわからず、出自も明らかになっていません。いずれにしても身分の低い女性で、蓮如六歳のとき、存如が正式に結婚するのを機会に、蓮如を残し、一人本願寺を去っていきました。このことについては後にもう一度触れてみますが、これ以後、庶子《しょし》の辛さ、継母による冷遇、貧困などに耐え抜きます。しかしこの苦労が、蓮如を人の痛みがわかる人間に成長させ、庶民の心を惹きつける原因の一つになっていきます。

十七歳で剃髪、得度。二十七歳の頃結婚、四十三歳で本願寺第八世を継ぎ、教化に励みますが、苦労人蓮如はまたたく間に門徒を増やします。しかしこれをねたんだ比叡山の弾圧を受け、五十一歳のとき、本願寺は破壊されてしまいます。しかしこれに負けることなく、比叡山の目を逃れ、近江一帯に潜伏して伝道します。

やがて五十七歳のとき、越前の吉崎に道場を建立しますが、時代と人心のニーズを読み取った蓮如の魅力に惹かれた多くの人々が集まり、大教団になる端緒になっていきます。

六十九歳で山科《やましな》本願寺、八十三歳で大坂に石山御坊《ごぼう》を建立。八十五歳で没しますが、諸国から集まった門徒たちは、荼毘《だび》の後、火屋に入り、灰や土まで掘り取って国に持ち帰ったといわれています。

ところで、蓮如の目線は常に生き別れた実母のような恵まれない人々にぴったりと合わされていました。たとえば従来本願寺には上段の間があったのですが、人を上下に区別することを嫌い、これを取り払ってしまいました。また、弾圧と貧困の中、次々に世を去った不幸な妻たちを思い、女人往生、女人成仏を徹底して説きました。

恵まれぬ庶民にこそ親鸞の教えを伝えねばと考えた蓮如は、親鸞が心血を注いだ『教行信証』や『和讃』のエキスを、誰にでもわかるようにと心血を注いで読みやすい簡潔な文体で手紙文の形にし、地方に送りました。これが「御文《おふみ》」とか「御文章《ごぶんしょう》」といわれるものですが、受け取った字の読める人は、字の読めない多くの人々の前でそれを読み上げました。親鸞の信仰が多くの人々の心に浸みこみ、その効果は拡大していきました。一人の蓮如が十人になり、百人になっていったのです。

彼はまた、『教行信証』から「正信偈《しょうしんげ》」を抜き出し、『和讃』と念仏を組み合わせ、「御文」とセットにして日常勤行《にちじょうごんぎょう》の形式を確立します。

さらに注目すべきは、「講」の組織を形成したことです。現在でも真宗の盛んな地域では「和讃講」や「女人講」といった講が続いていますが、これは身分の違いをこえ、茶菓や酒を持ち寄り、皆で「正信偈」をよみ、車座になって心を打ち明け、信心について話し合うという集まりです。寡黙を美徳とした時代に、蓮如はあえて自己を語ることをすすめ、語れば自分の悩みがわかってもらえ、おのずから解決する道が与えられるだろうと説きました。こうして庶民の人情の機微を見抜いて伝道をしていきました。伝道に徹した蓮如の足には草履の跡が食いこんでいたといわれます。

しかし、このようにして真宗教団を飛躍させ、門信徒の数を日本最大級にしたともいわれますが、他方で、親鸞の信仰を曲げてしまったといわれることもあるのです。浄土の問題にしても、「後生《ごしょう》の一大事」という言葉を多用し、浄土は後生（来世）に行くところだと主張したとされ、非難される場合が多いのです。親鸞が「現生不退転《げんしょうふたいてん》」つまり今、ここで、現生において即座に往生が定められ、不退転の境地に住まわせていただくとした信仰を、死後往生の意味に曲解してしまったと非難される場合があるのです。本当にそうなのでしょうか。この問題を追及しながら、蓮如の浄土の体験に見られる特徴を探ってみましょう。

確かに蓮如の書いた「御文」には次のような表現もあります。

「ただ一心に阿弥陀さまをたのみ、後生をたすけてくださいと深くおたのみ申す人を、阿弥陀さまは必ずたすけてくださいます。決して疑ってはなりません」（ただ一心に弥陀をたのみ、後生たすけたまえとふかくたのみ申さん人をば、かならず御《おん》たすけあらんことは、さらさらつゆほどもうたがいあるべからざるものなり）

現生というより後生のほうに関心が集中されているようでもあります。また、たとえば明応七年（一四九八）、つまり死の前年、八十四歳のときに書かれた「御文」には、「いろいろの雑行《ぞうぎょう》を捨てて、ただ一心に後生をたすけてくださいと阿弥陀さまにおたのみすれば、必ず極楽に往生させていただけるのです。疑ってはなりません」（もろもろの雑行をすてて、一向一心に、後生たすけたまえと弥陀をたのめば、決定《けつじょう》、極楽に往生すべきことさらにそのうたがいあるべからず）とも書かれています。

この文を見ると、やはり往生は現生ではなく後生であるようにも感じられます。また親鸞が浄土という語を多用したのに対し、蓮如は極楽という語を多用し、視覚的できらびやかな浄土を考えているようにも見え、親鸞以前の古い極楽浄土を指している、と言う人もいます。

確かにこのような表現をそのまま表面的に受け取れば、親鸞が臨終を待つ必要も来迎をたのむ必要もない、信心の定まる今、往生は定まり、浄土に住まわせていただくのだと言った態度とくらべ、死んだ後、極楽に行くといった従来の古い極楽往生の見方に近いという印象はぬぐいきれません。

しかし蓮如はやはり御文の中で、『無量寿経』には「即得往生住不退転」と説かれ、『浄土論註』には「一念発起入正定之聚《いちねんほっきにゅうしょうじょうしじゅ》」（ひたすら仏さまを信じようとする心をおこすとき、往生の定められた人々の仲間となる）といわれていると明言し、これは臨終《りんじゅう》での来迎を必要とする臨終業成《ごうじょう》に対し、日々の生活の中で浄土に生まれる身に定めていただく「平生業成《へいぜいごうじょう》」であるとはっきり言っています。親鸞の真意をしっかりとつかんでいるのです。往生も死んだ後のことなどではなく、平生体験されることだというのです。

では、なぜあえて後生を一大事であるなどという言い方をしているのでしょうか、この点が大問題ですし、実はここに蓮如の独自性が隠されていると私は考えますので、この点をもう少し掘り下げ、考えてみます。

まず、ある経典を引用して蓮如が書いた次のような「御文」の表現を見ておきましょう。


「現世を祈る人は藁《わら》を得、後生を願う人は稲を得るようなものだとたとえられています。稲ができれば、おのずから藁を得ることができますが、これは後生を願う人のことです。しかし今生のことを祈っている人は、藁しか得ることができないという意味なのです」（それ現世をいのる人はわらをえたるがごとし、後生をねがう人はいねをえたるがごとし、とたとえたり。いねというものいできぬれば、おのずからわらをうるがごとし。これは後生をねがう人のことなり。今生をいのる人は、わらをばかりえたるがごとし、といえるこゝろなり）

後生を願う人は稲も藁も得、今生のことだけを祈る人は藁しか得ることができないというのです。一見後生を強調しているように見えるのですが、本当は後生を願うことによって、現世に生きる強靭な生き方を見出そうとしているのです。現世のみに関心を抱く藁のような軽い生き方ではなく、往生を約束されて生まれる、新しい強靭な生を選択しているのです。決して現世の生活を軽視しているわけではありません。後生を願うことによって、娑婆にいる今、救われ続ける、これが往生が定められるということだというのです。このことは、次のような文章を見れば明らかになります。

「たすけてくださいという心がおこった瞬間、阿弥陀さまは、私を救いとろうとする光明を放ってくださり、私の身が娑婆にある間、ずっと光明の中で救い続けてくださるのです。これが、往生が定められて生きる姿なのです」（たすけたまえとおもうこころの一念おこるとき、かならず弥陀如来の摂取の光明をはなちて、その身の娑婆にあらんほどは、この光明のなかにおさめおきましますなり。これすなわちわれらが往生のさだまりたるすがたなり）

（『御文』）

一方で、後生において救いが得られるかのように説きながら、実は今、この娑婆で救われ続けていること、光明に照らされて生きていることを感謝しているのです。このことは、ほかでもなく浄土を体験していることでもあります。浄土を体験しつつ、積極的に生きることの必要性を説いているというべきでしょう。ならば、なぜ蓮如はそのまま現世での往生を説かなかったのでしょうか。

浄土についてもそうです。一方で親鸞が化身土《けしんど》と呼んだような絵画的で視覚的な極楽浄土を説くと同時に、他方では親鸞の真仏土《しんぶつど》に相当する涅槃寂静《ねはんじゃくじょう》の浄土、いわゆる悟りの世界としての浄土も説いています。一見矛盾するような二重性が見られるのです。親鸞においてもこのような二重性が見られましたが、蓮如もこのような二重性を見せているのです。なぜでしょうか。この問題を解くには、もう少し後生の一大事を主張した蓮如の真意をたずねなければなりません。

すでに触れたように親鸞の信心は如来からたまわる信心、いただく信心でした。ですから、信心を得たとき、たちどころに往生が約束されたのです。後生のことなどもはや心配する必要がなくなったのです。蓮如の信心もそうでした。蓮如の表現によれば、信心は「如来が与えてくださる」（如来よりあたえたまう）（『御文』）ものでした。このように両者の信仰はその根底において同じなのに、なぜあえて蓮如は後生の一大事などと言ったのでしょうか。この点が彼の真意と関係するのです。

一言でいえば、親鸞は求道者であり、蓮如は伝道者でした。蓮如の視点は、常に「在家止住《ざいけしじゅう》のやから」「末代無智《まつだいむち》の在家止住の男女」「一文不知《いちもんふち》の尼入道《あまにゅうどう》」の場におかれていたのです。このような無知な庶民の腹に信心が坐るかどうかに彼の全関心が集中されていたのです。親鸞の言う現生不退は蓮如の理性には十分納得できました。しかしこれが在家の無知な人々に理解され、その腹に坐るのは容易ではありません。理解できたにしても、これを保つことはさらに困難でした。

親鸞ですら、人が信心を保つことは非常にむずかしい、これほどむずかしいことはないと告白しています。よく知られているように、蓮如は親鸞の教えを誤解し人を迷わす異端者と戦い抜いた人でした。親鸞の到達した信心の境地、浄土に住まわせてもらう境地を正しく理解し保つことがどんなにむずかしいことかを、異端者との戦いで知り抜いていたのです。あの『歎異抄』を人前に出すことを恐れたのもこのことが原因になっています。自分では心酔しながらも、誤解を受けることを恐れ、避けようとしたのです。特に親鸞の教えのように庶民が近づきやすい教えは、誤解される傾向が強く、この誤解が広まったときの危険性は実に大きいのです。

もしそれらの人々が、信心を得たからもう自分は救いが約束され正定聚となった、如来と等しい身分になれたから何をしてもよいなどと思い上がったとき、はたしてどうなるか。救われようのない自分であるのに、如来の力によって救っていただいたと謙虚に喜び感謝するべきなのに、如来と同じ身分になれたのだから何も恐れるものはない、何をしてもかまわない、などと思い上がれば、それこそ破壊的な行動に走る恐れがあります。事実、そのような行動が、蓮如の時代には多発していました。人間はそれほど弱いものでもあります。

親鸞も、理論的には信心をいただいたとき、そのまま浄土に往生させていただける、如来と同じ位に高めていただけると信じたのですが、現実的には煩悩から離れ得ず、とてもそのまま浄土に住んでいる、如来と等しいなどとは確信できないと告白し、懺悔《さんげ》しているのです。だからこそ親鸞は、一方で、娑婆の縁が尽き、ちからなくして終わるときに、真の浄土に参らせていただくと語ったのです。

理論上は、信心を得た瞬間、浄土に住まわせられる資格を得るのですが、現実的にはむずかしい。親鸞のこの気持ちの揺れを蓮如は見抜いていたはずです。親鸞にあってもそうですから、まして在家の人々にはそうであったはずです。ですから、まず、肉体が朽ち命が尽きたときに真実の浄土に導いていただけると説いたほうが誤解が少ないと考え、たとえば「命が尽きたとき、ただちに真実の浄土に往生させていただけることは疑う余地がありません」（一期《いちご》のいのちつきなば、ただちに真実の報土に往生すべきこと、そのうたがいあるべからず）（「御文」）と言ったのだと考えられます。

つまり蓮如は、後生の往生を前面に立てたほうが親鸞の真意を危険なく伝えることができるし、庶民には後生往生のほうがわかりやすく腹に坐りやすいと考えたのです。

さらに当時は戦乱の時代であり、いつ殺されるかもしれないし、場合によっては人を殺さねばならない時代でしたから、死とか後生への思いが、現代とは違っていました。死は将来のことではなく目前のことでした。このような庶民の気持ちを汲み、後生の一大事を前面に出し、強調したのです。親鸞はあるべき浄土を考えたのですが、蓮如は死を目前にした在家の人々に合う浄土を打ち出していったのです。

加えて後生を前面に出した理由として、当時は僧の中にも異端的な信仰がまかり通っていたという点を忘れてはならないと思います。たとえば了源は「名帳《みょうちょう》」や「絵系図」というものを作りました。僧は本願を伝道する来迎の阿弥陀如来であって本願そのものであり、僧と如来は等しいので、その僧によって往生が認められれば阿弥陀仏位という位に入ることができると説き、信徒の名を名帳に書きつらねていったのです。さらに絵系図のほうは、了源を筆頭に、僧たちの絵を描いていきました。こうして信徒や僧の願望を満たし、関心を集めていったのです。

また、たとえば如導は、往生が定まれば自分自身が仏になるのだから、もはや仏像もおがむ必要はないとしました。このような、信心がおこれば生身のまま仏になるという即身成仏《そくしんじょうぶつ》的な教えは、えてして人々の気持ちを引くものです。しかし蓮如にすれば、このような見方は許すことのできないものであり、親鸞の教えの歪曲《わいきょく》にほかなりませんでした。即座に救われ、仏と等しくされるという教えは、一歩まちがえばこのような危険なものになってしまうのです。蓮如はこういった現実を知り抜いていたのです。現生からひとまず後生に視点を置き換え、それによって現生での救いを伝えるという伝道の方法を取らざるを得なかったのではないか、と私は考えています。

　しかし後生を強調したからといって、救いは後生にしかないと説いているのではありません。もしそうなら曲解ということになるでしょう。「後生たすけたまえ」とは言いますが、今生、現世をあきらめよとは言っていないのです。あくまで、今、ここで信心をいただきなさいと、繰り返し勧めているのです。たとえば、「仏さまの教えをいただくことは明日にのばしてはいけません。今、急いでいただきなさい」（仏法には、明日《あす》と申《もう》す事《こと》、あるまじく候《そうろ》う。仏法の事は、いそげ、いそげ）（『蓮如上人御一代記聞書《ごいちだいききがき》』）と叱咤《しった》激励しています。

　真に救われるということ、真の浄土に往生することが死後になったとしても、せめて教えをいただくこと、信心をいただくことは明日であってはならない、今、ここでしなければならないというのです。「仏法のことは明日ではなく今日するように」（仏法のうえにては、明日のことを今日するように）（同）とも言っています。

　しかし、なぜこれほどまでに庶民を気づかい、親鸞の教えを曲解するような危険をおかしてまで彼らの味方をするのでしょうか。

　実は、蓮如の胸中には、彼の六歳のとき彼を残して去り、ふたたび会うことのなかった無学で不幸な実母の姿があったのです。このことについて、『蓮如上人遺徳記』という書物には、次のようにしるされています。

「十二月二十八日、母上は六歳の幼い少年に、どうかあなたの一生の間に親鸞聖人の教えをもう一度盛んにしてください、と心をこめておっしゃり、そのままどこともなく去っていかれました。……このため蓮如上人は二十八日を命日となさり、母上のお心を肝に命じられました」（十二月下旬第八日に母堂六歳の少童に対して語《かたり》たひけるは、ねがはくは児《ちご》の御一代に聖人の御一流《ごいちりゅう》を再興したまへとて懇《ねんごろ》に心腑《しんぷ》を宣《のべ》たまふが、そのまゝいづかたともなく出《いで》たまひき。……これによりて先師廿八日をもて其命日とし給ひて御志を運《はこび》たまひけり）

このような不幸な女性がいかにして救われるのか、この問いが実は蓮如の発想の原点になっていたのであり、差別された女性、無知な人々の願いが蓮如の願いでもあったのです。往生も浄土もこのような視点から見られているのであり、そのような場に立って人々に信仰の決断をうながしてもいるのです。

このような蓮如には、実は後生の一大事こそが今生の一大事であったのです。後生の救いにしか希望を託せなかった戦乱の時代の庶民に、希望をもって今を精一杯生きさせる真の方便行でもあったのです。

それゆえ、蓮如の文章表現は観念的でも、抽象的でもなく、人間の感覚に直接訴えかけるような感性的な表現になっているのです。たとえば、ひしと阿弥陀さまのお袖におすがりする思いで、後生をたすけてくださいとおたのみすれば、阿弥陀さまは深く喜ばれて……などという表現が多いのです。

特に女性に対しては、理性を通してというより、心の底から熱い思いをこめて語りかけました。女性の浄土往生について、たとえば「この仏さまのお心を少しも疑うことがなければ、必ず、必ず極楽浄土に往生させていただき、美しい仏さまにしていただけるのです」（このこころの、つゆちりほどもうたがいなければ、かならず、かならず、極楽へまいりて、うつくしきほとけとはなるべきなり）（「御文」）と語りかけています。

単に理性的な立場から女性を見ていたならば、男も女も平等に仏になるというような表現をしていたでしょうが、女性こそ「うつくしきほとけ」になると表現したところに、蓮如の熱い思いがあり、深い信仰があります。阿弥陀仏をそのように信じているのです。観念的ではなく、実存的、感性的な信仰といえるでしょう。蓮如を残して本願寺を去らざるを得なかった実母、次々に亡くなっていった妻たち、彼よりも早逝《そうせい》した娘たちへのあわれみ、思慕、願いがこの「うつくしき」という言葉の中に凝縮されていると私は感じるのです。

こうして蓮如は、親鸞の現生不退を後生の一大事と言いかえ、人々が安心して如来に身をまかせ、浄土に生まれられるようにしたのです。求道から生まれた親鸞の浄土と、庶民によくわかり喜んでもらおうとする蓮如の浄土の違いでもありますが、その庶民感覚に由来した浄土の特色は、圧倒的な時代的魅力となって人々の心を奪い、結果的には強い絆で本願寺教団を再興することになりました。

明応八年（一四九九）二月二十日、死を前にして蓮如は石山御坊から山科《やましな》本願寺に移ります。三月七日、死の半月ほど前、ながらく親しんできた御影堂《ごえいどう》の親鸞の木像にいとまごいをしようと行水し、像に対坐したとき語ったことについて、『空善記』には次のようにしるされていますす。「極楽に参らせていただきますのでおいとまごいを致します。必ず極楽にてお目にかかります、と声高らかに申されますと、たくさん集まっておられたご門徒たちは皆涙を流されました」（極楽へ参る御いとまごひにて候、必ず極楽にて御目にかゝり申すべく候、とたからかに御申の事にて、諸万人なみだをながしけり）。参詣した門徒の前で、声高らかにいとまごいをし、浄土で必ず親鸞に会うと言ったのです。蓮如が浄土で親鸞と会えるなら、門徒もいずれ必ず親鸞に会え、蓮如に再会できるはずです。

このような蓮如の態度は、すでに引用したように、親鸞が門弟に書状で「かならずかならず一ところへまいりあうべく候」「浄土にてかならずかならずまちまいらせそうろうべし」と述べた信仰や浄土観とニュアンスの違いはあっても、その根底で通じ合うものがあるといえます。

以上のように、蓮如は親鸞の発見した新しい浄土をよく理解した上で、時代状況と人々の器量に合わせ、人々の心の中に注ぎこみ、腹に坐らせていきました。希望のない戦乱の時代を生きる人々に、やがて生まれさせていただける浄土があるという確信を日々体験する喜びを与えていったのです。この確信を体験することは、やはり生きている今、ここでなされるものです。仏法のことは急げ、急げと言ったことは、実はこのことを指してもいるのです。単なる死後往生とは根本的に異なるものです。これによって人々は、その人その人の境遇と器量に合わせて、一寸先は闇のような時代に、常に親鸞の浄土を体験することができるようになったのです。このことは、親鸞の浄土が、いよいよ生きたものになってきたということでもありましょう。

では次に、明治という近代社会において、親鸞の浄土を新しい方法で体験しようとした清沢満之の姿を見てみます。

# 第四章　親鸞の浄土を生きた清沢満之

## 〈一〉満之の近代的浄土

### 1　「浄土」の二重性

親鸞は深い求道の結果、新しい浄土を発見しました。蓮如は戦乱の時代に苦しむ庶民の場に立ち、親鸞の浄土をよく理解しつつ、後生の一大事という立場からとらえ直し、庶民の腹に坐る浄土を説きました。

時はくだって明治の時代、西洋の強い影響のもと、清沢満之《きよざわまんし》（一八六三〜一九〇三）は西洋近代哲学に耐え得るように新しい浄土の解釈をすることになりました。理性に合わないものを排除するという近代西洋の哲学や科学は、古い日本の思想的伝統の再解釈を迫っていましたが、真宗の伝統に対しても容赦なくその矛先を向けはじめていたのです。

満之の生涯については後に触れますが、東京帝国大学の哲学科でフェノロサやブッセに学び、近代的な西洋の哲学や科学を摂取した満之は、まさにこの時代の要求にこたえる適任者でもありました。学問的にこの使命をにない、さらに彼を襲った結核との死闘を通してこの使命は深く実行されていくことになります。この点を念頭に置き、満之の浄土観とその体験について検討していくことにしましょう。

満之は死去する明治三十六年の絶筆に「来世の幸福のことは、私は、まだ実験しないことであるから、ここに陳《の》べることは出来ぬ」（「我が信念」）と言い切っています。理性を通さないもの・実験できないものについては語らないという近代科学、哲学からの発言です。ならば浄土について一切語れない、書けないというのでしょうか。私はそうは思いません。この文章は、実は、幸福というものは現世で得るもの、浄土は現世で体験すべきものであると言っているのだと私は思うのです。親鸞の浄土も蓮如の浄土も、単なる死後のものではありませんでした。従来信じられてきた死後の浄土を、今、ここでの問題として考えていたのです。満之も、実は西洋哲学を媒介にして、やはり浄土を現世のものとして明らかにしようとした、と考えるべきであると私は思うのです。

そこでこのような満之の浄土について考えていきたいのですが、まず彼の言う浄土とはどのようなものか、という点からたずねてみます。

明治二十五年、三十歳のとき、彼は『宗教哲学骸骨』という哲学書を出版しますが、その中に浄土という言葉が見られ、次のように説明されています。浄土は長い時間をかけて行くところではなく、また遠い距離をへだてたところに実在するものでもなく、迷いを去って、はっと気づかせられるそのとき、目前に知らされる境地である、つまり、

「今にも吾人《ごじん》の覚知が一旦豁然《かつねん》として開悟するときは現在目前にかの境界を知見するなり」

というのです。主として哲学の分野から考察された浄土ですが、少なくとも死後に行くようなところではなく、「現在目前に」出会う境地であって、親鸞の言う浄土と通じ合うものがあるといえます。

また二十八年には病床で『在床懺悔録』を書きますが、ここには彼の結核闘病を通して体験された浄土観がつづられています。信仰を得るとそこにどんな境地が現われてくるのか、という問いに対し、信心をいただければ歓喜の心が生まれますと答え、次のように説明します。『無量寿経』に出てくる、いわゆる「聞其名号、信心歓喜」（名号（念仏）の意味を聞いて、信心をいただき歓喜する）という文がその境地に相当します。歓喜の心が生まれるとそれは長く継続して絶えることがありません。これは仏さまのご恩を思う心が持続して絶えないのと同じことです。この歓喜の心がさまざまな場合にさまざまな仕方で現われ、一生を喜んですごさせていた

だけるのですが、人間は長い間迷いの生活をしてきたため、すぐに煩悩が起こり、歓喜の生活が途絶えてしまうこともあります。しかし煩悩が勢いを弱め、正しい思いが回復してくれば、また歓喜の心が盛んになり、もうすでに浄土にいるような境地に住まわせていただき、あるいはすでに如来にしていただいたような境地に住まわせていただけるようになるのです、と説明されるのです。このことを、「信者をして、あたかも既に極楽界中に在るの思いあらしめ、或は身自ら既に仏陀たるの思念に住せしむるに至る」（『在床懺悔録』）と表現しています。

そしてこの文のうしろに、親鸞の書いた「心は浄土に住み遊ぶ」「信心よろこぶその人を如来と等しとときたまふ」という和讃を書き添えています。いかに満之が親鸞の発見した現世での浄土体験を大切にし、真面目に追体験していたかがわかります。

しかし同時に、満之は強く注意をうながしています。どんなに信心の堅い人であってもすぐに如来になれてしまうわけではないし、浄土に住み続けることができるわけでもない、釈尊であっても悟ったあとの修行が完成するまでは如来になられなかったように、と言います。ですから真宗の念仏者が信心を堅持していても、やはり煩悩が起こり、よこしまな思いが盛んになるときには、悪魔や異端・異義者になる恐れがあると、次のように注意をうながしているのです。「真宗念仏の行者、その信心実に金剛の堅きを持すといえども、もしそれ煩悩紛起して、邪念強盛の時にありては、或は悪魔外道《げどう》に近似する事なしというあたわざる也」（同）。信心をいただき、喜びに満ち、浄土に住まわせていただきつつも、煩悩をもつ身ですから煩悩の世界に逆戻りをしてしまうのです。

しかしここでいえることは、満之の浄土の核心は、死後の浄土でもなく、視覚的できらびやかないわゆる西方極楽浄土的な浄土でもないという点です。煩悩の身であっても、今、ここで信心を得て体験できる浄土なのです。近代的な哲学的思索と闘病などによる主体的な体験を通して気づかされる浄土であり、結果的に親鸞の浄土に通じ合う浄土であるということです。

では他方、視覚的できらびやかな極楽浄土についてはどのように考えていたのでしょうか。たとえば初期の明治二十三年、二十八歳のときには、浄土について「ただ凡智もまたこれ智なれば、これに背反するところは信じ難かるべし」（「信願要義」）、つまり私の知性は平凡な知性ではあるが、知性である以上これに反することは信じられない、と言っています。西洋哲学を学び、徹底した合理主義によって思索してきた彼には、従来のいわゆる神話的な極楽浄土は信じがたいものでした。この態度は最後まで続きます。先ほど引用した絶筆「我が信念」でも、来世の幸福のことはまだ実験しないことであるから述べることはできない、と告白していました。要するに満之においては従来の極楽浄土は素直に信じられないものでした。

しかし、かといってそれを否定しているわけではありません。たとえば雑誌『精神界』に掲載された「親鸞聖人の御誕生会に」という文の中で次のように書いているからです。

私たちが生死《しょうじ》の苦悩に沈むとき、聖人の教えてくださった他力の教えは、永遠に「花笑い鳥歌う浄楽の一路を示して」憂いをなくしてくださるというのです。他力の教えというのは、外部の人が初めてこれを見ると怪しげなものに見えるだろうし、地獄や極楽など荒唐無稽な話としてしりぞけるだろう。しかし生死の大問題に遭遇し、心霊的な苦しみをへて教えの光明に照らされるとき、抑《おさ》えがたい感謝の念に満ち、明らかに心中に地獄極楽が現存しているのを見る、つまり「抑うべからざる感謝は摂取にあらわれ、心中朗として地獄極楽の現存することをみん」というのです。感謝する心には花咲き鳥歌う極楽浄土が現われ、今いる世界がそのように感じられるというのです。視覚的な浄土を否定しているわけではなく、ただ欲望に引きずられ死んだ後に贅《ぜい》を尽くしたいわゆる極楽に行くことだけを望む態度を批判し、信心を喜ぶその心の中に美しい浄土が出会ってくること、浄土がみずからを開き、近づいてくることを体験することが大切だと言っているのです。

明治三十四年八月、門弟暁烏敏《あけがらすはや》（一八七七～一九五四）に宛てた書簡の中で、満之は知人が田舎の門徒は死んでから極楽に行くことだけを考えているが、どうしたものか、と言ってきたのに対し、「もし新鮮なる霊光の、この闇を照破する無かりせば、真宗の法灯、あに危なからずや」と返答したことが書かれています。その意味は、死んでから行く極楽浄土ではなく、新鮮な光を当てた浄土すなわち今ここで体験する浄土を示さないと真宗の教えは衰える危険があると警告しているのです。単に死後の世界に実在するものとしてではなく、本願を信じ念仏もうす人の心に現われ、開けてくる浄土を主張しているのです。浄土に向き合うその向き合い方を批判しているわけです。

さて、このように満之においても涅槃、寂滅的な浄土と伝統的な視覚的浄土の双方が認められます。親鸞において認められた浄土の二重性が、やはり存在するといえます。

## 2　「往生」の二重性

では次に、その浄土にどのようにして生まれるのか、という「往生」の問題について見てみます。

たとえば『在床懺悔録』の中には次のようなことが書かれています。信じる心をいただいた人は「たちどころに、浄土に往生すべき大利を得了する」、つまり即座に往生できる大きな利益をいただくというのですから、理論上はそのまま浄土に住まわせていただけるのです。しかし現実には煩悩をもったままですので、往生を約束された身であるにとどまり、すぐには浄土に住み得ないともいわざるを得ません。

あるいは次のようにも述べられています。「現生娑婆在命の間は、これ人間にあらず、いまだ仏陀にあらず、即ち正定聚《しょうじょうじゅ》不《ふ》退転《たいてん》の住人なり」、つまり娑婆に生きている間は、信心によって救われているので単なる人間でもない、かといって煩悩をもっているから仏陀ともいえない、正しく往生が定められた不退転の境地に住まわせていただいている住人であると自覚しなさいというのです。要するに、煩悩から離れられないため、即座に往生したり、仏陀になったりすることは無理ですが、浄土に往生することが約束され、不退転の境地の住人にしていただいているのですから、心から喜び、不完全ではあってもできるだけ今、その境地を体験させてもらいなさいと言っているのです。

また同所で次のようにも言っています。すでに蓮如について述べたところで、平生業成《へいぜいごうじょう》という言葉に触れておきましたが、その「平生業成とは、我等凡夫が臨終を待たずして、平生に往生の業事を成弁《じょうべん》し了することこれなり」と言います。平生業成とは、私たち凡夫が臨終を待つことなく、平生において往生を成し遂げることだというのです。臨終ではなく、今、この現世で浄土に往生することが成し遂げられる。ですから煩悩にさまたげられても、機会あるごとに浄土を体験させていただきなさいというのです。この言葉は蓮如などによって使用された比較的古い言葉ですが、彼はこのように説明したのです。

さらに満之はこの平生業成を、近代哲学的な用語である「有限」「無限」を用いて次のように言いかえます。このような態度に満之の近代的な態度が見られますが、有限がいったん無限に対する関係を知り、会得すれば、もはやそこからひるがえって有限が孤立して存在しているという思いに帰ることはない。つまり有限あっての無限、無限あっての有限ですから、有限は無限から孤立したものではありません。こうしてすべての存在は相互に関係し合い、全体を構成している。この関係を主伴互具《しゅはんごぐ》の関係といいますが、これは不動の真理であって、不退転の境地もその現われである。現世あっての来世であり、来世あっての現世です。この両世界は臨終によって分断されるようなものではありません。ですから、どうして来世を待つ必要があるでしょうか。現世ですみやかに浄土を体験させていただくことに何の不思議もない（来生を待つの必要あらんや。現生速達なること勿論《もちろん》なり）というのです。このようにして近代の新しい用語で、親鸞の現世における往生を解釈し直し、体験していくのです。

しかし同時に満之は、いわゆる死後の浄土往生も否定してはいません。たとえば次のような表現が見られます。「ヤガテ娑婆ノ縁ツキレバ、目出度安養浄土ノ往生ヲ遂げ」（「骸骨雑記第二」）、つまり、やがて娑婆の縁が尽きれば、めでたく安らかな浄土に生まれさせていただく、とも書いているのです。

また、信心をいただいてすでに救われることが約束されている以上、煩悩に引きずられて「輪廻することなく、命終れば必ず開悟すべし」（「他力門哲学研究」）、つまり輪廻を繰り返すこともなくなり、命が終われば必ず悟りを開かせていただけるとも言っています。

さらに満之は明治三十五年十月六日夜、三十六歳の妻やす子を亡くしますが、その日の午前中、東京の浩々洞宛《こうこうどう》に送った書簡の中に次のようにしるしています。昨日（五日）は妻も死を覚悟し、「速《すみやか》に浄土往生の素懐を遂《と》げたき旨申し出候を縁とし」、つまり早くお浄土に往生させていただきたいと申しましたので、「生死共に凡夫《ぼんぶ》のはからうべきことにあらず、ひとえに如来大悲の指導に任托《にんたく》すべきことを談じ候」、すなわち生死の問題は凡夫がはからうことではないので、ただ阿弥陀さまのお導きにおまかせすべきであると話したというのです。このような浄土往生も死後往生の範疇《はんちゅう》に入るでしょう。

こうして満之は、今ここで即座に浄土に往生させていただくという往生と死後如来に導かれて浄土に往生するという二つの往生を同時に認めているのです。二重の往生観をもっていたといえます。

さて、以上見てきたところによりますと、満之の浄土往生はその根底で親鸞のそれと共通する点があることがわかりました。しかしそれは親鸞の浄土をそのまま受け入れただけのものではありません。親鸞の教えに学びつつも、彼自身が激しい禁欲生活、結核闘病、そして宗門との闘い、入寺先との家庭的トラブルなどを通し、みずから気づいていったものでもあります。したがってその経緯を検討しなければ、彼の浄土を真に理解することにはなりません。

そこで、次に満之はどのようにして新しい浄土に体験的に出会っていったのか、という面からたずねてみたいと思います。

## 〈二〉闘病しつつ、浄土を体験する

清沢満之は宗門内ではよく知られていますが、宗門の外では、残念ながらその業績のわりにはあまり知られていません。そこで彼のことをよくご存知でない方のために、まず彼が結核になるまでの経緯をたどっておきます。

文久三年（一八六三）、尾張藩士徳永永則・タキの長男として名古屋に生まれました。清沢という姓は養子先の姓です。武士として儒教の素養があった父からは剛直で実直な儒教的精神を植えつけられます。また熱心な真宗門徒であった母からは他力信仰の影響を受けて育ちます。武士的な潔癖性と篤い信仰の中に満之の幼少時の自我が形成されたといえます。

小学校時代の成績は抜群で神童と呼ばれていましたが、その後進学した学校が廃校になったり、父が佐幕派の武士であったため、特に廃藩置県後、苦しい生活に追いやられたりで、幼少期は不遇でした。

ところが十六歳のとき、大きな転機が訪れます。この頃京都の東本願寺は育英教校を創立し、全国の英才を募っていましたが、母が通っていた覚音寺という寺を通じてこの学校に入学することができたのです。水を得た魚のように四年間勉学に励みますが、成績抜群のため将来を見込まれ、明治十四年、十九歳のとき東京への留学生に抜擢されます。翌年東京帝国大学予備門に編入学、成績は首席で、さらに文学部哲学科に入学します。そしてブッセやフェノロサのもとで学び、じっくりと哲学を思索し、論理力を研ぎすませていくことになりました。

二十年には大学院に進み、同年第一高等学校で、さらには井上円了《えんりょう》（一八五八〜一九一九）の創設した哲学館（後の東洋大学）でも教えることになりました。名古屋から両親を迎えることになり、まさに前途洋々の船出をするかのようでした。

ところが翌年、突然京都にもどることになります。明治十年（一八七七）に創設され、後に京都一中になる京都府立尋常中学が経営難に陥っていたため、東本願寺に経営が依頼されたのでした。校長の人選が行なわれた結果、満之が最適であるということになりました。彼は迷いました。しかし在家に生まれ、本願寺のお蔭で教育を受けさせてもらった恩に報いなければと決意し、京都にもどることになったのです。校長になった満之は、同時に高倉大学寮に出講、また清沢やす子と結婚し、愛知県三河大浜の西方寺に入ります。

しかし明治二十三年、二十八歳の年、大きな転機をみずからの手でたぐり寄せることになりました。実はこの頃から、自分は貧乏士族の子として生まれたが、思いもしなかったエリートコースに乗り、自信にあふれ、宗教、仏教、真宗の教理を近代的な哲学の俎上《そじょう》にのせ、今やそれを体系化し始めている、しかし仏教の真髄、親鸞の説いた教えの核心は、単なる理性や論理ではわからないのではないか、ということに気づきはじめたのです。たとえば親鸞が、従来当然のように考えられてきた死後往生を、今、ここで往生させていただくなどという、常識では考えられないようなことをなぜ説くに至ったのか、このような問題は学問的な理性だけではわからないのではないか、一個の人間である自己をえぐり、今現に生きて存在するおのれ自身の血肉を通さなければわからないのではないかという思いが強くなり、徹底的に自己を知るため身を賭《と》しての禁欲生活に入ることになったのです。

妻子を故郷に帰し、今まで着ていた洋服をすべて人に与え、木綿の白衣《びゃくえ》に黒衣墨袈裟《こくえすみげさ》で、行者姿となり、ついには煮たり焼いたりしたものを食べることまでやめてしまい、そば粉などをなめたり松脂《まつやに》などを食べるに至ったといわれます。そして仏教は単なる理論的なものではないから、学問的に求めるのではなく、徹底的に実践の中にその意味を求めるようにと、方向変換したのです。

さらに翌二十四年の母タキの死が、この思いに拍車をかけることになります。単に観念的に有限なものとして位置づけられる個人ではなく、肉体をもち肉体と共に朽ち死んでいかざるを得ない一人の人間とは何なのか、どのように生き、どのように死んでいくべきかなどの問題が、彼の中で頭を持ち上げてくるのでした。その問いを、彼は禁欲生活を通して究明しようとしたのです。

さて、このような禁欲生活が三年以上続いた二十七年一月二十九日、東本願寺の前の法主《ほっす》厳如《ごんにょ》の葬儀が行なわれました。この日は大変な寒さでしたが、満之は午前二時から午後五時まで立ち続けていたのです。前年末から体調をくずしていた彼は、とうとう重い感冒にかかり、ひどい咳に襲われます。友人は養生するようにすすめるのですが、それを聞き入れず、禁欲生活もゆるめることをしませんでした。

春になっても容態はかんばしくありません。そこで友人たちは強制的に学校の欠席届に押印《おういん》させ、四月二十日に診察を受けさせます。やはり結核でした。四月二十四日の彼の書簡には、一月以来の感冒が治りきらず、この頃は講義などにも差し支えが出てきたので、医者に診てもらった結果、左肺上葉の結核であった、「変な病気にて困り物に御座候」（石川吉治宛書簡）などと書かれています。

しかし満之は落胆したり絶望したりはしませんでした。友人によれば、満之は友人に診断書を見せ、友人が教育や布教にとって痛恨無限、まことに悲しいことだと言っているのに、本人は「和気満面、かえって病患を得たるを喜ぶものの如し」（井上豊忠『座右録』）であったといわれます。このような満之の態度の裏には、病気によって逆に自己省察の限界にいどもうとする決意が察せられます。

当時の結核は、ある意味で死の宣告のようなものでした。死病に襲われてなおその病に生きる自己を省察する絶好の機会が与えられたと喜ぶ壮絶なまでの生き方が示されていると同時に、この頃まで主として哲学的に考えられてきた浄土の問題も、以後主体的、体験的に追求されていくようになりますので、この闘病の中に浄土を体験する姿を見ていきたいと思います。

「今までの徳永は死亡した」という言葉はこのとき満之自身が語った言葉でした。こうして中学も大学寮もやめ、須磨の垂水に転地療養することになります。血痰を吐きながらもなお満之は行を続けます。たとえば九月九日の「保養雑記第一編」には、午前中喀血しながらも、午後には「宗教は死生の問題に就《つ》いて安心《あんじん》せしむるもの也」と書いています。喀血の不安と恐怖感の中に宗教の意味が問われ、いかにして安心が得られるかが主体的に問われているのです。同月二十八日には沈黙の行を行ないますが、夜になると煩悩に襲われ、午前二時半に起きて坐禅し、読経し、そして念仏の意味をよくよく考えた、などとしるしています。

ここで特に注目しておきたいのは、少しむずかしい言葉が使ってありますが、翌二十八年一月に書かれた次の文です。

「極悪最下の機《き》も、前念命《ぜんねんみょう》終《じゅう》後念即生《ごねんそくしょう》の深意、それここに至りて首肯《しゅこう》し得《う》べきにあらずや」

（「保養雑記第二篇」）

悪の限りを尽くした人間も、「前念命終・後念即生」という言葉の深い意味を知らせていただくとき、心からうなずき納得することができるという意味ですが、「前念命終・後念即生」とはどんな意味でしょうか。これは、本願の力によって念仏の信仰をいただくとき、娑婆に生きてきた自力の自分が死に、そのまま浄土に生まれさせていただき、他力に生きる新しい生が成就されるという意味です。

親鸞は『愚禿鈔《ぐとくしょう》』に「本願をいただくことが前念命終であり、今すぐに浄土に往生させていただくのが後念即生である」（本願を信受するは、前念命終なり。即得往生は、後念即生なり）と述べています。とすれば、満之はこのときには、すでに自分は苦しい闘病生活をしているが、本願により他力の信心をいただき、病身のまま浄土に生まれ、浄土に住まわせていただいているという自覚をもっていたのではないか、と考えられます。

親鸞は、すでに第二章で引用したように「即得往生」とは時をへず、日もへだてずに浄土に生まれさせていただくことであると言いました。このことを満之は闘病に当たって取りあげているのです。ということは闘病しながら常にこの親鸞の考え方が体験され、実践され、深められていたということを示してもいるのです。この点に特に注意しておきたいと思います。

さて、この頃、以前心酔していたヘーゲルからソクラテスに関心が移っていくようになります。観念的なヘーゲルの哲学よりも獄中で死に直面し、誠実に命を終えようとしたソクラテスの生き方に心を惹かれていったからです。逃げることなく死を正面から見つめ、死の意味を突きとめ、死を浄土の体験によって克服しようとしていたのではないかと推察されます。

しかし満之といえども煩悩をもった人間にかわりはありません。何といってもまだ三十三歳の若さです。浄土に住まわせていただいていると信じても、煩悩に襲われ愚痴が出、自分に腹が立つことを禁じることはできませんでした。同じ二十八年一月、沢柳政太郎ら友人四名に宛てた書簡の末尾に、「肺病を治療の為に　拝廟を遠ざかる身は　常にがいたん」などとしるしていますが、「がいたん」の両横に「慨嘆」と「咳痰」と書きこんでいます。とぼけたような文の中に、咳や痰に悩まされつつ、肺病治療のために親鸞廟参詣から遠ざかっていく自分を歎き、憤《いきどお》っているのです。しかし見逃してはならない点は、このように愚痴を言う満之自身を、煩悩多きがゆえに救いとろうとしてくださるのが弥陀の本願であると自覚し、その本願の世界すなわち浄土に包まれ、住まわせていただいているという喜びを満之がかみしめている点です。苦しみつつ、その苦しみを喜びに転じていくこと、これは浄土を体験することでもあります。

三月十五日の「療養雑記」には、万一のことを考えて「妻やす子には余の心中もかねて承知のこと、今別に云い遺すべきことなし。ただ後を宜敷《よろし》き様重ねて依頼し置くのみ」と書くようになります。言い残すことはないと書く彼の心境には、死に対する覚悟とともに、浄土に住まわせてもらっていることへの満足感がうかがえます。

翌二十九年から三十年にかけて、彼は宗門改革のために身をささげますが、挫折し、除名処分を受けます。この点についてはあとで触れてみますが、三十一年、除名処分を解かれた満之は、五月、家族をつれて京都から西方寺に帰ります。病んだ肉体は悲惨な状態でした。少し前の三月の書簡によれば、痩せていた体は一層痩せ、骸骨に皮をかぶせたような姿になってしまい、「勤労には堪えざるものと、近来いよいよ観念致居候」（井上豊忠宛書簡）という状態でした。

除名処分を受けた頃から、満之は『阿含経《あごんぎょう》』を耽読《たんどく》するようになり、次のように述べています。『阿含経』を読んで感動したのは喀血に襲われ病床にいたためでしょう、教えの真の意味に達するためには、生と死の極限に立つことが最も必要です、すなわち「生死巌頭《しょうじがんとう》の観に住することもっとも必要たるを知るべし」（『転迷開悟録』）と。当時『阿含経』は、まだそれほど重要視されていませんでしたし、まして真宗においては自力そのものの教えのように思われていました。しかし彼は血を吐きつつ、文字通り生死の巌頭に立って読み進めます。これを読み終わると釈尊の伝記が書かれた『仏本行集経《ぶつほんぎょうじっきょう》』を読み、三十一年三月、井上豊忠宛の書簡に、悉多太子《しったたいし》（釈尊の出家以前の名）の出家修道の姿に感動し、涙を流したことを伝えています。「在病の寒生も、覚えず涙痕《るいこん》の衣襟《いきん》を潤おすを認め候」。血を吐き求道する自己と思いを重ねた結果でしょう。

また、この年の八月十五日から『臘扇記《ろうせんき》』を書き始めます。「臘扇」とは西方寺に帰ってからの号ですが、臘とは陰暦十二月の別名ですから十二月の扇子《せんす》ということになり、まったく必要のないもの、存在価値のないものという意味です。満之の悲しい気持ちがこめられていますが、その満之自身を見つめて書かれた日記風のものがこの『臘扇記』です。しかし悲しいことばかりが書かれているかというと、その悲しみの底に救済されていく深い喜び、つまり浄土と出会っていく体験の喜びが息づいていることに気づかねばならないでしょう。

この書の特徴は、ローマの哲学者エピクテトス（五五頃〜一三五頃）の影響を強く受けている点です。彼はこのエピクテトスの『語録』を「西洋第一の書」とまで言い、生死の境にいる満之に確信と信念を与えることになります。エピクテトスはストア派の哲学者で、身体に障害をもった奴隷でもありました。哲学者であり、結核と養子先の人間関係などに苦しむ満之にどこか通じるところがあり、この満之に強い影響を与えることになったのです。

エピクテトスは『語録』の中で、人間には思いのままになるもの、つまり「如意《にょい》のもの」と思いのままにならぬもの、つまり「不如意のもの」があり、疾病や死亡は不如意なもの、これを避けようとすればするほど苦しむことになる、と述べています。この意を受けて、満之は十月十日の書簡に、「身体すらも（故に生死もまた）不如意のものと観却し去る」ことが必要であり、それによって心の安定を得るのがエピクテトスの哲学の要所であると書いています。生死は不如意なものであるのに、これを自分の力で左右しようとしてきたところに苦悶の原因があったのだと気づかされたのです。ここにおいて彼の生死観は大きく転換されます。『臘扇記』には、私はもう生死に左右されません、生死は人間のはかりえない他力のありがたい働きによるもの、すなわ

ち、

「生死は全く不可思議なる他力の妙用《みょうゆう》によるものなり」

と書かれることになったのです。

この思いは満之の浄土観、往生観にも大きく影響することになります。十一月二日の『臘扇記』によれば、七十五歳の老人が満之に向かって、死後極楽に往生できるかどうかがわからない、あなたはどうかとたずねたことに対して、楽しい極楽があるか恐ろしい地獄があるか、そんなことはわからない。ただ『歎異抄』に念仏は極楽へ参るべき種《たね》であるか地獄に堕ちるべき種であるかまったくわからない、法然上人の教えを信じるだけだと親鸞聖人はおっしゃった、このことに心から信服しています、と言い切っています。つまり満之は地獄や極楽があるから信じるのではない、そんなことを法然上人や親鸞聖人がおっしゃっているのではないと言っているのです。すべてを投げ出し、すべてを如来におまかせするから他力の働きによって浄土が開けてくるのです。実在するから見えるというものではなく、他力にまかせきり信じきるからこそ、おのずから開け、見えてくるものなのです。こうしてこの娑婆に浄土が現われ、娑婆がそのまま浄土になっていくのです。利害打算で信じようとしたり念仏を称えようとする限り、浄土は限りなく遠いところに去っていくものであり、信心をたまわり念仏もうさせていただけると喜ぶとき、浄土はすでに目の前にあるものとなるのです。これが満之の真意であり、ここにおいて満之は浄土を体験させていただいているといえるのです。死んでから極楽へ行って楽しもうなどという魂胆であれば、どこまで行っても浄土に行き着くことはできないでしょうし、実はそれは単に欲望につきまとわれ地獄に住んでいることにほかならないということです。病苦に襲われ、まるで地獄にいるような満之が、逆に浄土に住まわせられ、浄土を味わわせていただいていると考え得るのは、そのような理由によるのです。

このような心境を、同月十六日、彼は控えめに次のように書いています。

「エピクテート氏のいわゆる病に在りても喜ぶ者に達せざるべしといえども、幾分これに接近するを得たるものか」

エピクテトスが言う、病にあっても喜ぶような境地にまでは至れないが、少しはこの境地に近づかせていただいたのではないだろうか、と謙虚に言っているのですが、ここに確実に浄土を喜び、浄土を体験している満之の姿を読み取るべきだと私は考えます。そう考えることによって浄土は生きたものになるでしょうし、このような浄土こそが現代人にわかりやすい浄土となり、現代という時代に通用する浄土になると思えるのです。

しかし病状は確実に悪くなっていきます。後に触れますが、三十五年六月には長男信一、十月には妻やす子を失い、さらに翌三十六年四月には三男広済も失います。結核の感染によるものでしょう。

三十六年五月二日、浩々洞《こうこうどう》宛に原稿を送る書簡の中には、次のようなことが書かれています。床に体を横たえてこの手紙を書いたため、字がきたなく、論旨も「不明徹のところ多きかと存候えども」、とにかくお送りしますというのです。ついつい悲しい言い訳や愚痴が出てしまうのです。浄土を体験し、喜びながらも、愚痴が出てしまうのです。そんな自分をきびしく反省します。

同月十七日の日記には、

「自由なるものを自由にせずして苦しみ、自由ならざる者を自由にせんとして苦しむは、これ吾人の罪過と云わざるべからず」（「明治三十六年当用日記抄」）

と告白します。自由にならない病や死を、つい自分で何とかしようとする。しかし何とかできないから、愚痴や言い訳をしてしまう。これは私の罪だ、と自分を叱責《しっせき》するのです。しかしこれは単なる叱責ではありません。このように自分を反省し、叱責できるのは、実は浄土に住まわせてもらっているからできるのです。罪を自覚し叱責できるのは、救いを得ているからできることでもあるのです。真に深い罪の自覚は救いと裏表になっているのです。救いを確信していない人は真に自分を叱責することはしません。たいていは妥協し、自分を正当化しようとするのです。罪を見つめる自己の眼は、浄土に住まわせていただいている自己の眼でもあります。ですから愚痴をこぼしながら、それは告白となり、懺悔となり、そしてやがて感謝の言葉になっていくのです。満之の自己をえぐり、自己を責め、自己を叱咤《しった》する行為は、そこに如来の救いを感じ、深く感謝する行為でもあり、その両面は裏腹になっているのです。この行為はまた浄土を体験しているからこそ出てくる行為であり、それによってその体験はさらに深められていくのです。

いよいよ病気はどうしようもないものになります。三男広済の葬儀に弔辞をもらったことに対して、礼を述べる二十一日の書簡には、葬儀のあとひどい痔の痛みに襲われ、どうしようもなかったと書いています。辛い状態であったと察せられますが、さらに二十九日の日記には、正直に「本日怏鬱《おううつ》。特に他人の行為の少しく憍傲《きょうごう》なるものを我に対する大なる圧迫と感じ、憤懣的苦悶に堪へず」と嘆いています。横柄な態度をとられたりすると腹がたって仕方がないというのです。身内の不幸、自分の肉体的苦痛、そして心理的な苦悩とも闘っているのです。

六月一日、つまり死の五日前には、これが最後の書簡になるのですが、暁烏敏《あけがらすはや》に、梅雨はうっとうしくてならない、特に肺病人には一層辛い、なぜだかわからないが癇癪が起こり、同居人に八つ当たりしていじめてばかりいます、時々あまりにもひどいと自分でも思うのですが、ついつい「煩悩が起るには愧《は》ぢ入ります」と書いています。生きて浄土に住まわせられていながら、煩悩は断ち難い。このことを思い知らされているのです。しかしその裏で、煩悩から離れられないからこそ、そのような者のために本願がたてられていることを同時に実感しています。癇癪を起こしながら、癇癪を起こす自分こそが救われている、と感謝することが浄土を体験していると いうことです。浄土を体験するということは、いつも安定した気持ちでいられること、救われていると思えることであるとは限りません。

さらに続けてその書簡には、満之の最後の号は西方寺がある大浜は風が多いということから「浜風」とつけられていましたが、この号は、ちょうど「小生の如き半死半生の幽霊には適当と感じて居ります」と自嘲気味に書いています。そしてその末文に、「これでひゅーどろと致します」、つまりこれからひゅーどろと去っていきますと書き、また追伸には、諸君にはいちいち連絡しませんのでよろしく、と書き、さらには従来の書簡で使われてきたいわゆる候文《そうろうぶん》をやめた暁烏を真似て、候を省いた文を書いてみたがどうですか、さようなら、つまり「候の字を省きたる貴文をまねしましたがどうですか。さよーなら」とユーモラスに書いています。愚痴をこぼし、恥じ入り、自嘲し、「ひゅーどろと致します」ととぼけ、候を省いて、それでどうですか、さよーならと、まるで楽しんでいるような態度も見せています。ここには、自己のすべてを見せ、そのすべてを如来に託している姿が読み取れるのではないでしょうか。すべてを託しているから、すべてを見せることができるのです。その時その時に正直になれるのでしょう。娑婆に住みつつ浄土に住まわせられ、常に如来に対して正直に向き合っていたからこそ生まれてくる態度であるはずです。

この前々日五月三十日には、絶筆「我が信念」を書きましたが、その中に次のような注目すべき文があります。

「私の信ずる如来は、来世を待たず、現世に於て既に大なる幸福を私に与えたまう。……これは私が毎日毎夜に実験しつゝ、ある所の幸福である」

この「大なる幸福」とは、もちろん救われている幸福のことであり、浄土を体験させていただいている幸福であると私は思うのです。従来説かれてきたような死後に浄土に行って感じる幸福などとはまったく違い、今の一瞬一瞬に体験し実感する幸福なのです。煩悩に満ちた救われがたい自分が、すでに如来のほうから救われていることの自覚であり、救われていることを喜ぶ世界を体験できる幸福なのです。

では来世での浄土はどうかと問えば、すでに触れたように、まだ実験しないことであるから、ここに述べることはできないというのです。その真意は、実は「実験しない」からわからないのではなく、実験する必要もないということです。すべてを如来に託してあるからです。肉体が朽ち、煩悩から解放され、如来に導かれて往く浄土はもはや語る必要のない世界なのです。浄土を体験する者には、よくわかっていることなのです。

## 〈三〉宗門や家庭の問題に悩みつつ、浄土を体験する

一方で浄土を深く体験できるようになった満之でしたが、他方では宗門の問題、家庭の問題でも悩みは尽きませんでした。

後に満之は、明治二十七、八年の頃を振り返って日記に次のようにしるしています。

「回想す。明治二十七、八年の養痾《ようあ》に、人生に関する思想を一変し、ほぼ自力の迷情を翻転《ほんてん》し得たりといえども、人事の興廃《こうはい》は、なお心頭を動かして止まず」（『当用日記』）

二十七、八年頃の結核療養期に他力の教えに出会い、自力の苦しみから脱することができたが、人事の問題すなわち社会的な問題は依然として自分を苦しめたというのです。具体的には、宗門

の改革の問題です。しかしこのほかにも、入寺先との家庭的トラブル、病と闘い死力を尽くして創設した真宗大学の挫折の問題などが、これに当たります。

そこで、ここでは宗門改革の闘い、家庭問題の悩み、そして大学運営の挫折の中で、どのように浄土を体験していったのかをたずねつつ、満之の浄土の体験の仕方について考えていきたいと思います。

まず宗門改革の経緯について見ておきます。

本願寺によって学問をさせてもらったことへの恩返しは、何よりも本願寺の教学への献身でした。中絶していた留学制度を復活させたのもその一つでした。

さらに彼は、教学を発展させるためにすぐれた人材を集めていました。二十六年九月、京都尋常中学を京都府に返還し、あらたに大谷尋常中学を開設することになりましたが、それに当たり大学時代の一年後輩で後に文部次官や京都大学総長となり、成城学園を創設した教育の専門家沢柳政太郎を校長ならびに教学顧問として迎えました。新時代に対応でき、しかも真に親鸞の教えを生かし得る学制を樹立しようと準備を進めていたのです。垂水で療養生活に入ってからも、意欲的に友人と連絡をとり、参画していました。二十七年六月には立案がまとまり、七月には新しい学事体制が発表されます。

さらに改革は服装の面にまでおよびます。満之と沢柳の意見で服装は洋服を全廃し、鼠色の衣服に麻衣が制服とされました。しかしこのような純粋で徹底した考えは、些細なことから挫折する場合がありえます。この服装に不満をもった学生がストライキを起こし、沢柳らの必死の説得もおよばず、中学部が同盟休校に入り、退寮してしまったのです。退寮者は当時の本願寺教学部長渥美契縁の同意により、全員退学処分にされました。

しかし問題はこの後の渥美の行為でした。彼は退学者に対し、学校側の意見も聞かず、本人と保証人を呼んで注意を与え、復学を許可しはじめたのです。これは教団の政治が教学の場に介入することであり、教学の場からすれば許しがたいことでした。この食い違いが、やがて宗政家と教師の対立の構図となっていきます。

十二月、渥美らは沢柳を解職してしまいます。友人たちは、満之の病気を心配し、刺激を与えないようにしていましたが、満之を訪れた沢柳から実情を聞かされた満之は、はげしい失望と怒りに襲われることになりました。

翌二十八年七月一日、満之は療養先から京都にもどり、南条文雄・村上専精ら十二名とともに、宗務の根本方針を教学に置くべきことを建言します。しかし結局、この建言は受け入れられませんでした。ついに満之は本山と闘う決意をし、同志たちに呼びかけることになりました。

二十九年十月十日、満之は同志たちとともに京都洛東の白川村に「教界時言社」をおこします。三十日には『教界時言』第一号を出し、主として大谷派の教学方針の無さ、財政の乱れ、内事の不正を鋭く衝きます。反応は大きかった。大新聞も取りあげ、仏教系の雑誌や新聞ももちろん注目しました。キリスト者内村鑑三は「同派は動揺に堪えるだろうか。日本仏教は最後の試練にさしかかった」（『内村鑑三英文論説翻訳篇・上』）とまで書いています。

さらに意味のあることは、宗門の将来をになうべき若い学生たちが真剣な思いで参加しはじめたことです。その中には多くの逸材がいました。後に満之の精神主義を支えることになる佐々木月樵《げっしょう》や暁烏敏らがいたのです。

こうして次第に改革の火の手が上がっていきますが、満之らはさらに具体的な改革案を提示していきます。こうして翌年二月には、「大谷派事務革新全国同盟会」が組織され、有志たちが全国から京都に集まってきました。ついに渥美は退陣を余儀なくされ、二月十四日、法主《ほっす》に「請願書」が提出されました。運動は成功するかに見えました。

三十年二月二十一日、渥美の政敵石川舜台が上席参務となり、実権をにぎることになります。石川もすぐれた宗政家でした。しかし、いざ権力の座につき教団を維持しなければならなくなると、新しい運動を破壊行為としその芽をつまねばならなくなるのが権力者の宿命でもあります。石川は少しずつ改革派の意見を容れながら、改革の熱がさめていくのを待ちました。本当の改革を目指す少数の人々と、騒ぎに乗じて何かを得ようとする人々が分裂するのを待ったのです。

ねらいは当たりました。七月の議制局における最終投票では改革派が勝利していましたが、続いて開かれた臨時の会議で、満之らの期待は裏切られてしまいます。改革派の顔をしていた人々が欲望を丸出しにしはじめたのです。石川はそこを衝いてきたのです。このため条例案が審議未了になってしまうような事態となり、革新同盟が分裂することになってしまったのです。このようなことから、やがて同盟会は解散することになり、満之の運動は挫折することになってしまいました。

体制に盲従しがちで、自己意識の覚醒や自己にとっての主体的な信念の確立、行為の決断に弱い近世封建的な日本人の姿をまざまざと見せつけられたのです。除名され、追放されて気づいたことは、結局は自己の自覚と信仰の確立こそが最重要であるということでした。

ではこの挫折にあって満之はどのように対応し、どのように浄土を体験しようとしたのでしょうか。翌三十一年、十月二十四日には次のように書いています。

「自己とは他なし。絶対無限の妙用に乗托して、任運に法爾《ほうに》にこの境遇に落在せるもの、すなわちこれなり。ただそれ絶対無限に乗托す。故に死生の事、また憂うるに足らず。死生なおかつ憂うるに足らず。如何にいわんや、これより而下《じか》なる事件に於てをや。追放可なり、獄牢甘んずべし」（『臘扇記』）

自己とは絶対無限者である如来の思いやりに満ちた働きの中に生かされているのであるから、死とか生とかの問題に悩む必要はない。まして世間から追放されたり、牢獄に入れられるなどというそれ以下の問題で気を病む必要はまったくない、というのです。

如来に生かされているということは、身は俗世にあっても、実は如来とともに生きていることであり、気がつきさえすれば浄土に生かされていることでもあるのです。ですから、人間の世界で人間によって追放されたり牢獄に入れられても、それは取るに足りないことだというのです。こうして宗門改革の挫折、追放を通して浄土に気づかされ、体験し、その体験を深めていくのです。

次に家庭の問題について考えてみたいのですが、三十一年四月、『教界時言』を廃刊し、除名処分を解かれた満之は、五月、家族をつれて西方寺に帰りました。しかしその満之を迎えたのは、必ずしも休息の場とはならない複雑な家庭環境でした。

彼は次のように心境を吐露しています。「三十一年四月、教界時言の廃刊と共にこの運動を一結し、自坊に投じて休養の機会を得るに至りては、大いに反観自省の幸を得たりといえども、修養の不足はなお人情の煩累《はんるい》に対して平然たるあたわざるものあり」（『当用日記』）。自己を内観、反省し、浄土を体験する機会を与えられた幸福を感じながらも、家庭問題のわずらわしさに、ついその喜びを忘れ、落ち着きを失ってしまう、と告白しているのです。救われていながら煩悩にさまたげられて救いを忘れ、浄土を忘れてしまう人間の悲しさを吐露しているのです。では、この「人情の煩累」とは何だったのでしょうか。

満之の実父永則は頑固一徹で、満之が西方寺の清沢家の養子になるということが許せず、頑強に抵抗していたのです。そのことが満之を苦しめていたのです。しかしやがて、満之の結核療養には大金が必要であるという理由から、経済的基盤をもたない永則はしぶしぶ満之が清沢家の人間になることを認めざるを得なくなります。孝行が徳目とされていた当時、この父親を説得することは辛いことであったはずです。

こうして満之は清沢家の人間となり、妻を亡くし行き場を失っていた永則も、後にはこの寺に引きとってもらうことになります。治る見込みのうすい「肺病病み」と「行き場のない老人」が面倒を見てもらうことになったのです。なぜ「面倒を見てもらう」と映ったのかというと、寺にはまだ健在なやす子の父がいました。堂々たる風貌でどこから見ても立派な僧でした。貧弱で小柄な満之とは比べようもありませんでした。さらに不在がちな満之に代わって寺の仕事を手伝うために、やす子の妹の婿もいました。そこに病気の満之と頑固な父が入ってきたのです。満之には面倒をかけるとしか思えなかったのです。

さらに満之を苦しめることになったのは、門徒との人間関係でした。義父に比べ、風采のあがらない色黒で小男の満之は、法衣を着て法要に出ても、いわゆる見栄えや有難味がありませんでした。法話も理屈っぽく、彼らにはよくわからない。おまけに結核は誰もが恐れた病気です。門徒から敬遠されても不思議ではありませんでした。法要に行って追い返されることもあったといいます。本願寺のお蔭で勉強させてもらったと感謝し、エリートコースを捨てて教団のために心血を注いだにもかかわらず、本山に裏切られ、今また自坊の門徒にも必要のない人間にされてしまいました。自分なりに描いてきた理想の教団と現実との埋めようのない溝の深さを感じ、深い悲しみに沈むこともあったでしょう。「人情の煩累」という言葉にはこのような思いがこめられているのです。

養子として入寺したことにかかわり、戸籍の問題も複雑をきわめました。まさに煩累が彼を苦しめ続けます。三十三年になっても解決しませんでした。たとえば同年九月六日の書簡には、ある書類を提出したが却下され、返す言葉もなく退散しましたが、大変な挫折を経験した（一段の挫折を経験仕《つかまつ》り候）（松宮全之助宛書簡）と書かれています。あえて「挫折」という言葉が使われているように、よほどのショックと屈辱を味わったに違いありません。しかしこのような挫折と屈辱を味わいつつも、満之はそこに何らかの意味を見出していくのです。

たとえば十一月には『勝友叢誌』に「服従の美徳」という文を発表しますが、その中で次のように述べています。苦痛を忍ぶのがよいか、忍ばないのがよいかといえば、もちろん苦痛を忍ぶほうがよいに決まっている。苦痛を忍ぶのはすぐれた徳行であり、徳行を実行することは高尚な愉快である、と。そして言います。

「苦痛を忍ぶ者には、その忍ぶだけの苦痛はあるけれども、それと同時に徳行を遂《と》ぐるの愉快がある」

苦痛を忍ぶことが徳行であり、それが愉快であり、喜びであると発想できることに注目したいと思います。苦痛を忍ぶことが充実感や使命感に一致するからというのではありません。ただ愉快であり、喜びであるというのです。単に苦痛に耐えているのではありません。苦痛が喜びと一体になっているのです。なぜそう言えるのでしょうか。

実は満之においては、如来を信じる者にとっては、娑婆はそのまま浄土でした。如来を信じ、念仏もうす満之は、娑婆にいながら浄土に住まわせられているのです。娑婆での苦痛は苦痛でもあるのですが、如来とともに受ける苦痛であり、苦痛の体験は喜びの体験ともなるのです。苦痛はあっても、如来の徳を受け、如来とともに苦痛を通して徳をなしとげているという喜びに満ちたものになるからです。だからこそ愉快なのです。苦痛に追いつめられれば追いつめられるほど、如来に出会い、満之の眼前に浄土が開かれ、浄土に生きていることが実感され、体験されていくのです。戸籍の問題に悩めば悩むほど、あるいは門徒たちに避けられれば避けられるほど、如来の本願、如来の願心に呼びかけられ、その声は大きくなるのです。ここにおいて苦痛は喜びになり、喜びが一層浄土を深く体験させ、悩みを超えさせていくのです。

次に真宗大学の問題に移りますが、三十二年、宗門は満之を真宗大学学監心得に任命しました。宗門にとって満之はやはり必要な人間であったのです。先の改革運動で宗門行政との関係のむずかしさに懲《こ》りていた満之は、この任命を受けるに当たり思い切った条件を出します。その条件とは「真宗大学を東京に移すこと」、つまり宗門行政との癒着を避け、新たな空気の中で近代人に近代的な方法で教育を進めようとすることでした。そのため満之に「教育上の方針、学課の編制等、教育に関する全体を一任」するという条件も取りつけました。この条件を受け入れた本山は、議制会にかけ、真宗大学の東京移転を決定しました。

翌三十三年一月、満之は真宗大学建築掛に任命され、七月には着工されることになりました。しかし満之の体は確実に蝕《むしば》まれていました。たとえば三月二十七日の書簡には、「二十三日朝、病体を持して冒険的に帰寺の途に就き、辛うじて無難に帰着仕《つかまつり》候《そうろう》様の次第にて」と書かれているように、もはや三河の西方寺に帰ることも「冒険的」なことになっていたのです。病はさらに妻をも襲うようになりました。八月九日の書簡によれば、満之が須磨で療養していたときのような喀血がはじまった、とするされています。

三十四年九月、真宗大学が完成しました。場所は現在の東京都豊島区巣鴨の庚申塚《こうしんづか》のあたりです。学監に命じられた満之は、十月十三日の移転開校式で開校の辞を述べますが、満之の人徳は、真宗大学の学生たちの心に浸透していきました。教育学者として著名になった親友沢柳政太郎は、明治の教育者の中で三偉人をあげるとしたら福沢諭吉と新島襄とこの満之であると言っています。

ところが翌三十五年、学校騒動が起こったのです。学生たちが教員免許をもらうためにこの大学を文部省認可校にして欲しいなどの要求を出してきたのです。満之にとってこのような要求は実に無意味な要求に思えました。安藤州一によれば、満之は次のように言ったといわれます。今の青年は「いまだ学業の半途に達せざるに、早くも卒業後に於ける衣食の問題を苦慮す」。つまり勉学も十分せずに、就職を考え教員免許の取れる学校にしてもらいたいなどと目先のことしか考えない、「遠大の思想乏しき」者であるというのです。

このような学生の要求は、直接には、学校を実際に切り盛りしていた主幹の関根仁応に向けられました。有能でやる気に満ちていた関根のすることを、行きすぎと感じていた教職員たちもいました。満之の人徳に畏敬の念を抱いていた学生たちは、教職員の不満分子と組んで、関根を排斥しようということになりました。

しかし満之は、関根一人に責任を押しつけることをせず、辞職する決意をします。加藤智学によれば、関根君がそのように言われるのは、自分の精神主義が学生に届かないからだと言って満之は辞職したといわれます。そうしたら「学生は困った。研究科の学生の中には泣く者もおった」（『絶対他力道』）といわれます。精神主義とは相対的なものではなく、絶対無限者つまり如来とともに生きるというものですが、現実の世界にはなかなか浸透しないということを、満之は身をもって知らされます。いかに人間の煩悩が深いかを自覚せざるを得なかったことでしょう。十月二十一日、関根が辞表を提出、二十二日、満之も辞表を提出することになります。

しかし他方で満之の人柄と精神主義に惹かれて集まる若者たちもいました。三十三年九月、満之のもとへ京都尋常中学時代の教え子、暁烏敏・佐々木月樵・多田鼎《かなえ》たちが集まってきます。やがてこの集まりは「浩々洞《こうこうどう》」と名づけられるのですが、さまざまな変遷を経て満之の死後、大正六年まで続きます。美しい集まりでした。この頃を振り返って暁烏は次のように述べています。

「先生は片手に痰壷を持って私等と歌留多を取ったりなどもせられた。吉田賢龍、常盤大定、中川詮吉君なども来てまじった。先生は上手だった。或時痰壷がかやって大さわぎをした事がある。又皆で余興なんかする時にも、中学生や私共と共に無邪気に遊んで下された。……私達と一緒に居る時は、丸で御友達のやうで極く平等主義な人であった。私は常に胡坐をかいて話をした。先生の前に行ってはまことに気楽でありました」（『清沢先生の信仰』）

私は、このような満之の姿に、浄土に気づき、浄土を体験している人間の姿を感じるのです。

結核が重くなり痰壺を離せなくなっているのに、無心に教え子たちと遊ぶ。死が迫った地獄のような世界に住みながら、無邪気でいられる。如来とともに生き、もはや生死も老若も快苦も離れ、そのまま浄土に生かされていると思える境地から生まれる行為でしょう。やがて死んでいく有限なるわが身が無限なるものにすっぽりと抱かれているから、すべての人々をすっぽりと抱き、慈しむことができるのでしょう。そのような姿を可能にするのが浄土に生きるということでもあります。この浄土の体験に生きる満之に若者たちは無限の甘えを寄せることができたのです。真宗大学の学生にも、このような満之の魅力はわかっていたのでしょうが、つい教員免許を取りたいという現実的な欲に足を引っぱられていたのであると思われます。煩悩の悲しさでしょうし、満之もこのことはわかっていたはずです。若さゆえにこのことに気づかない学生たちに、早くこのことを気づくようにと願って真宗大学を去っていったのだと私は思います。

## 〈四〉死と向き合って浄土を体験する

死の前年、明治三十五年には、一気に不幸が満之を襲いました。六月五日、十一歳の長男信一が、そして十月六日には三十六歳の妻やす子が死去します。

四月二十四日の書簡には、昨日の午後は信一の容態を見るために「医院を往訪致候のみにて」

（松宮宛書簡）、ただちに横になり、今日も朝から横になっている始末ですと書かれています。死んでいくわが子を見舞い、すぐさまわが身を病床に横たえるようなことは、世間的に言えば、不幸の最たるものでしょう。

十月六日の妻の死の直前に書いた書簡には、昨夜は無事にすぎ、今日もまだ妻は命を保っております、毎日の大部分は病人の枕番のようなことをして熱や脈や呼吸の変化、薬や飲食の受容の多寡、そのほか刻々と変化する病人を観察することばかりしている、と書かれていますが、次のような注目すべき文が続きます。

「人生に、いわゆる迷信なるもの（特に医薬を排斥して神仏等の現世利益に帰願するもの）の入るべき余地多々可有之候えども、重病の患者には特に機会多きことを自覚致候」（浩々洞宛書簡）

看病をしていると、医薬によらないで神仏の現世利益にすがる迷信が入りこむ余地があること、重病の場合は特にそうであることに気づくと書いているのです。肉親との別れを惜しむあまり、つい医薬を排し、神仏に助命を願う迷信におちいる人の気持ちがよくわかるというのです。しかしここで注意すべきは、そう感じる満之の心中には、助命を如来に願うのではなく、命を如来にゆだね、生死は如来にまかすべきものであるという信念があるからこそ、迷信の非がわかるのです。助命を神仏に願う気持ちは痛いほどわかるが、生死の事実は如来に託すほかないと言っているのです。生死は如来の働きによるものだからです。死は避けたり恐れたりするものではなく、如来にゆだね、まかせるものであるというのです。こうして満之は、死を恐れることなく超えようとするのです。

死に向かう長男や妻に限りなく愛惜を感じつつも、単に悲しんだり絶望したりしていない満之の姿と、その信仰がここにあるといえましょう。悲しみながら、悲しみを超えた世界に生きているのです。すなわち娑婆にいながら浄土に生かされ、住まわされ、それを体験しているのです。

このような満之について、暁烏は次のように回想しています。「六月五日に、長男の信一さんが曙町の浩々洞でなくなられた。奥さんは同年十月六日、学校のストライキ最中に大浜でなくなられました。この時の先生の境遇は、外界より見ると悲惨の極でありまして、実に目も当てられぬようでありました。一方では愛子の如く心をかけ給いし真宗大学の騒擾《そうじょう》、一方では最愛の妻子の病死、常人ならばこれに圧倒さるべきに、先生はこの間にあって深く御慈悲を味わっておられました。六月五日に信一さんが死なれた時、私等は昼食を食べておった。先生も一緒であった。原子君が信一さんの看病をしておったので、皆が六畳の食堂で御飯を食べておると、突然原子君が、先生信ちゃんが死にましたと言って来た。私等は驚いて飛んで行った。先生は平然として、食いかけの飯を喫し了って後に病室に来られた、そうして驚いている私たちに、種々指図なんかせられた。間もなく、近角《ちかずみ》、荻野の二君が見舞いに来られた時、先生は自若《じじゃく》として珍しい病気だから解剖にしてもよいと思いますがな、というておられた」（『清沢先生の信仰』）

このような満之の態度をどう受け止めるべきでしょうか。さまざまな解釈が成り立つでしょう。冷たい、残酷、消極的など……。しかしこれらの見方は、彼に言わせれば相対的な有限の世界に立っている見方であるということになります。娑婆にしか生きていないからです。人間である以上有限の世界と無限の世界の狭間《はざま》に立って苦しむのは避けられません。しかし、その狭間で有限の世界に引き戻されるか、無限の世界にしっかりと抱き取られていくかが問題なのです。「解剖にしてもよいと思いますがな」の「がな」にこめられた人間としての満之の叫びと、無限の世界に抱き取られ浄土に住まわせられる境地から子や妻の死を見つめることのできる喜びの双方を読み取るべきでしょう。暁烏が、学校騒動と妻子の死に対し「常人ならばこれに圧倒さるべきに、先生はこの間にあって深く御慈悲を味わっておられました」と言うのも、今、ここで浄土を味わい、体験していることにほかならない、と私は考えます。

また安藤州一によれば、満之は次のように語ったといわれます。

「今や、長男十歳にして、今ここに六月五日、病んで没し、荊妻《けいさい》また病んで余命久しからざるを知る。取り越し苦労の無益にして、人生の恃《たの》む可《べか》らざるやこの如し。是を以て、如来による者は、現在安住の思念に住し、如何なる窮路にも、如来は必ず活路を与え給うことを信じて、過去罪悪の追求をやめ、取越し苦労を離れ、如来慈光の下に、昌平の生活を進めざる可《べか》らずと」（『信仰坐談』）

死について取り越し苦労をするのは無益だというのです。なぜでしょうか。取り越し苦労は自力の行為です。無限の如来の慈悲を信じないから苦労するのです。長男や妻のことは如来にゆだね、自分はただ如来の慈悲の光の下で生活する、これが究極においては長男や妻のためにもなるのです。子や妻を如来の慈光にゆだね、自分も心安らかに生きさせていただく生活、すなわち「昌平の生活」を送ることこそが必要であるとするのですが、このことは、浄土に住まわせられているからこそ言えることであり、浄土を体験しているからこそできる生活です。

ちなみに信一、そして翌年の三男広済の死によって、満之の男子の遺児は即往だけになってしまいますが、この即往という名は、「即得往生《そくとくおうじょう》」の即と往を取って命名されたといわれています。「即得往生」についてはすでに何度も問題にしてきましたが、速やかに浄土に往生させていただくという言葉でした。この言葉自体は、満之の書く文章にはそれほど多く出てきませんが、いかに彼の胸中深く秘められていた言葉であり、現世でのすみやかな浄土の体験を重要であると考えていたかがうかがえます。

また安藤は次のようにも回想しています。

やす子が亡くなり、満之が東京に出ると客が来て弔辞を述べ、ご長男を亡くされ今度は奥さまも亡くされ、何とご不幸続きで、と言うと、先生の答えはきわめて冷やかだった。なぜ冷やかだったかというと、「先生は死児の年を数えるが如き愚を成さゞりき、則ち冷なる可《べ》き時に冷にして、温なるべき時に温なりしなり。これは実に先生の主義なりしなり」（同）であったからだというのです。

死んだ子の年を数えるようなことは愚かだというのですから、確かに一見冷たそうな態度ですが、満之によれば、人間は死者をどうすることもできません。不如意なことなのです。ならば如来にゆだねるほかありません。死者に連綿とし、情に流されることはむしろ自己愛にこだわることであり、死者のためにも、自身のためにもならないのです。このように考えられるのは、浄土に住まわせられ、浄土を体験しているからなのです。

安藤の次のような回想を読めば、この点はさらに明らかになるはずです。

先生はかつておっしゃった、妻子ある者はまず妻子にパンを与えよ、もし余りがあれば自分も食べよ、しかしながら自分が死んだ後、妻子はどのように衣食を得るかについては心配する必要はない、ただ如来を信じれば足りるのである、如来は妻子に必要なパンを与えてくださるからだ、と。これが「実に先生が、生前の妻子に温かにして、死後の妻子に冷《ひや》やかなりし根本原理なり」（同）と安藤は言うのです。冷酷ではないのです。生きている妻子のパンは自分が食べなくても与えるべきですが、自分の死後については如来にまかせるほかない。如来の浄土を体験する者は、他の者についても如来にまかせることこそがなすべきことなのです。冷ややかなのではなく、妻子の真の幸福はそこにこそあると考える最も温かな考えといえるでしょう。浄土に生き、体験しているからこそ生まれる考えです。

世俗的な意味ではすべてを失い、この年十一月五日、今度は自分の死の準備のため西方寺に向かいます。近角常観に「今年は皆《み》んな砕けた年であった。学校は砕ける、妻子は砕ける、今度は私が砕けるのであらう」と言っています。ところが翌三十六年四月九日には、さらに三男の広済をも失うことになり、一年間に三度も葬式を出すことになりました。

五月三十日、つまり自分の死の一週間前に脱稿した絶筆「我が信念」の中に、死と向き合って、死を虚心に受け入れることができるようになった理由が示されます。「私は何が善だやら、何が悪だやら、何が真理だやら、何が非真理だやら、何が幸福だやら、何が不幸だやら、何も知り分る能力のない私、したがって善だの悪だの、真理だの非真理だの、幸福だの不幸だのと云うことのある世界には、左へも右へも、前へも後へも、どちらへも身動き一寸することを得ぬ私、この私をして虚心平気に、この世界に生死することを得しむる能力の根本本体が、すなわち私の信ずる如来である。私はこの如来を信ぜずしては、生きても居られず、死んで往くことも出来ぬ。私はこの如来を信ぜずしては居られない。この如来は、私が信ぜざるを得ざる所の如来である」。

内観、自己省察を尽くしても、結局は何一つ知り尽くすことのできなかった満之をそのまま生死させているのが、実は如来でした。ですからこの如来を信じ、身をまかせきるとき、虚心に生死すること、つまり生きもでき、死にもできるというのです。

このような心境に至るとき、死とは何か、死後はどこにいくのか、などの問題はおのずから消え去っていきます。ですから虚心坦懐《きょしんたんかい》に、すでに引用したように、来世の幸福のことはまだ実験しないことであるから、ここに述べることはできない、と言い切れたのです。今、この現世で浄土を体験させていただいているのですから、もうそれで充分なのです。来世のことは言う必要もないのです。煩悩をもちながらも浄土を体験させていただいているのですから、死によって煩悩を滅ぼしていただければ、来世に真の浄土に生まれ、住まわせていただくことは確実であるからです。来世のことを憶測しているようでは如来に身をゆだねていることにはなりません。

今幸いにも浄土を体験させていただき、死を契機に真の浄土に導いていただけるということは、如来が一切の責任を負ってくださっているということでもあります。満之はこの幸福を、如来が「一切の責任を引受けてくださる、ことによりて、私を救済したまうことである」（同）とも表現しています。

さてこのような心境に達した満之は、直後に迫った死を次のように受け入れることになります。

「私はただこの如来を信ずるのみにて、常に平安に住することが出来る。……私は私の死生の大事をこの如来に寄托して、少しも不安や不平を感ずることがない。『死生命あり、富貴天にあり』と云うことがある。私の信ずる如来は、この天と命との根本本体である」(同)

常に平安に住することができるということは、死生を如来に託することによって、不安も不平もない浄土の体験をさせてもらっていることでもあります。ちなみに、この「死生命あり」というのは、『論語』に出てくる「死生有命」のことで、死ぬも生きるも天命であるということですが、満之は生も死もすべて天と地の根本本体である如来にゆだねきっているのです。自分でできることをゆだねることは卑劣なことですが、人間として不可能なことすなわち不如意なことを見きわめ、これをゆだねきることは勇気のいることです。満之は如来に自己をゆだねきることによって、死を真正面から受け入れ、それによって死を超えたということができます。

六月三日の最後の日記には「血をはいた病の床にほとゝぎす」と書きしるします。この日には大きな喀血があり、四日には「言い残すことはないか」の言葉に、ただ一言「何にもない」と答えただけでした。言う必要もありませんでした。娑婆での姿、娑婆に生きながら浄土に生かされた姿をすべて見せ、すべて語ってきたのですから。あるいは、何もかも無限者の懐に投げ入れてしまい、残す言葉などなかった、といってもよいでしょう。

六月六日午前一時命終、行年四十一歳でした。

## 〈五〉満之の浄土と内村鑑三の天国

親鸞や満之が体験した浄土というものが、世界の宗教の中でどのような特色をもつものであるかという問題は、今後解明されなければならない問題であると思われます。

そこで満之と同時代に生きたキリスト者内村鑑三（一八六一～一九三〇）を取りあげ、彼の天国観と親鸞や満之の浄土観を比較することにより、この問題について少し考えてみたいと思います。ちなみに鑑三は親鸞に強い関心を抱いていましたので、まずこの点を見ておきましょう。

大正四年（一九一五）、鑑三は「我が信仰の祖先」という文を書いていますが、その中で、日本にも法然や親鸞のような偉大な信仰者がいたと指摘し、信仰とは何かということを知った点で「彼等は現今の欧米の基督《キリスト》信者よりも遥かに深くあった」（『聖書之研究』一八二号）とまで書いています。その理由はどこにあったのでしょうか。鑑三によれば、法然や親鸞が阿弥陀如来を信じた心は、キリスト者がキリストを信じる心の模範とすることができるというのです。その理由は、「彼等は絶対的他力を信じた、すなわち恩恵の無限の能力を信じた、彼等は全然自己の義（selfrighteousness）を排して弥陀の無限の慈悲に頼った」（同）からだというのです。

「自己の義」を排していることに関心の的があることを注意しておきたいと思います。自己を徹底的に凝視し、思い上がりを否定していく法然や親鸞の姿に惹かれているのです。特に親鸞が人間のはからいによる「善」を否定した姿を、ドイツの宗教改革者ルターが人間のはからいによる「善行」を排して「信仰のみ」でよいと言い切った姿に通じるものとして高く評価しています。親鸞においてもルターにおいても徹底的な自己否定があったことに共通点が見出されているのです。

鑑三は『歎異抄』を引用し、この両者の信仰の共通性を、次のように指摘しています。「本願を信ぜんには他の善も要にあらず、念仏（信頼）にまさるべき善なきゆえに悪をもおそるべからず、弥陀の本願を妨たぐるほどの悪なきがゆえに。親鸞のこの信仰に勝さる信仰はあるべからずである、ルーテルはこれを聞いて喜んだであろう、『アーメン、実にしかり』と彼は言うたであろう」（同）。

ではこのような鑑三と満之において、「天国」と「浄土」はどのようにとらえられていたのかの問題に入ります。親鸞に傾倒した鑑三であれば、どこかに満之の浄土と触れ合うものもあるかも知れません。もちろんキリスト教と仏教ではその土台がまったく違いますから、一致する点はないはずです。しかし宗教者としてどこかに触れ合うものはあるはずです。その違いと触れ合うものについて確認してみたいと思うのです。

妻や子を亡くした二人にとって、天国や浄土の問題は切実な問題でした。鑑三は明治二十四年、三十一歳のとき、不敬事件のさなかに妻かずを失います。彼女は鑑三の肺炎の看病と事件の心労が重なって床にふし、夫のことを祈りながらこの世を去ったのです。二十三歳の若さでした。さらに同四十五年、鑑三は最愛の娘ルツを失います。まだ十九歳でした。

満之についてはすでに触れましたが、明治三十五年六月に十一歳の長男信一、十月に三十六歳の妻やす子、さらに翌年四月には五歳の三男広済を失い、わずか一年の間に三つの葬儀をしました。そして六月にはみずからも、わずか四十一年の生涯を終わらねばなりませんでした。二人にとって死や天国、浄土というものは単に頭で考えるようなものではなかったはずです。愛する人々が目の前で苦しみ、死んでいくのです。そのような彼らにとって、では死や天国、浄土はどのようなものであったのでしょうか。

娘ルツがこの世を去っていった姿を回想し、後に鑑三は次のような注目すべきことを言っています。「彼女の肉体を焼燼《しょうじん》しつつありし疾病《しっぺい》は同時に彼女の霊魂を完成しつつありしなり、無邪気なりし彼女は六ヶ月間の病苦によりて成熟せる信仰的婦人となれり、疾病は彼女の肉を滅して彼女の霊を救えり、故に余輩は言う、『祝すべきかな疾病』と。殊に医師より死の宣告の下りし後のルツ子は信仰的に立派なりき」（「祝すべき哉疾病」）

病が霊魂を救い、完成するというのですが、これは一体どういうことなのでしょうか。死というものにどのような意味がこめられているのでしょうか。鑑三は次のように言います。「生は美しくある、しかし死は生よりも美しくある、生のための死ではない、死のための生である、美しく死んだ者が生をまっとうしたのである」（「生涯の決勝点」）

このような表現は、特に現代人には誤解されやすいものです。死のための生というと、死のために生を手段とすることであって、生を軽んじ、生に対して消極的だと受け取られやすいからです。しかし死を生の完成であるととらえる態度は、生を極限まで生かすことであって、生の否定ではなく生を積極的に、しかも高い次元で肯定することなのです。このような点を理解するためには、キリスト教の「死」のとらえ方を見ておかねばならないでしょう。

大正三年、鑑三は「死すべき時」という文の中で次のように書いています。少し長い引用になりますが、キリスト教の死の意味をよく表現した文ですので、あえて引用します。

「信者は神の僕《しもべ》である、主人より特殊の要務を委《ゆだ》ねられたる者である、故に彼はこの要務を果たすまでは死すべきでない、しかして彼はその時までは決して死なないのである、……彼のかかりし疾病の軽重を問うに及ばない、彼になお天職の完成せざるものがあれば彼は死なないのである、しかれども彼がもし既に果たすべきの事を果たしおわりしならば彼は死ぬるのである、……彼は心に言うべきである、我は長く生きんことを欲せず、我はただ我主の用を為さんと欲すと」

ここにキリスト教的な生と死のとらえ方の特色があります。キリスト教徒は神のしもべであるから、生も死も神からゆだねられた使命であると考えるのです。もはやそこには一般的な生や死は考えられず、長寿への願いや延命などは問題になりません。神の意志を果たすか否かだけが問題となるのです。したがって信者がこの世に存在するのは、汚れのない者となって神の前に立つ準備をするためであり、この準備ができるまでは信者は死ぬことを欲しませんし、神もその信者を死なせないのです。その準備ができたとき、信者はこの世を去り、神の懐におもむくのです。

このような見方によれば、人間は自分の力で「死期を定むることは出来ない」（同）し、天国に入ることができるとかできないということもまったくわかることではないのです。

鑑三によれば、信者の生涯は神の摂理によるのであって、死もまた神の愛の内に決められるのです。信者を運命の流れの中に捨てておくようなことはせず、神はその信者にとって死ぬに最もよい時に死なせるというのであり、死もまた神の手にゆだねるべきものとなるのです。「彼は彼の神が死すべき時に彼をして死なしめ給う事を信ず、すなわち恩恵の手のうちに導かれ来りし彼は死すべき時ならでは死せず、また彼の死する時は彼の死すべき時であることを信ず」（同）。神にすべてをゆだね尽くすことにより、神によって死の時期が選ばれるというのです。

このような信仰は、現代人からすれば生きる主体性を放棄するように映るかも知れませんが、実は強力な神の意志との出会いと対話から生まれる主体的な体験であり、何の努力もせずに主体性を放棄することとはまったく意味が違うのです。常識的な意味での生と死を超えようと願う主体的な意志から生まれる態度であるといえます。

したがって、死は一般にいわれるものとはまったく異なる意味をもつことになり、次のようなものとなります。「信者は安心して死に対すべきである、……死すべき時に遇うの死は光明に入るの門である、死は最大の不幸なりというは信者のいうべき事ではない、彼はただ死すべき時に死なんことをねがうのである」（同）。鑑三においては、死は不幸なものとして歎くものではなく、光明に入る門として受け入れるべきものとなったのです。

キリスト教においては、このように死はあくまで神の意志によるものです。このため、生前神の意志にしたがって生きた者は、神との愛の交流の中に生きる世界、すなわち天国に導かれ、神とともに生きることになるのです。しかし死を神の意志によるものとしないで嫌ったり忌避《きひ》したりする者は、孤独な地獄に向かわざるを得ないというのです。人間にとっては、死は確かに一面で辛く悲しいものですが、それを神とともに生きる天国への門として信じるか否かの決断がすべてになるのです。

ではこのような天国はどのようなものであり、どこにあるのでしょうか。この点については、鑑三が娘ルツの死に際して見せた態度の中によく表われています。ルツの死の約一週間後、一月二十日付の青木義雄宛ての書簡に注目したいと思います。

「ルツ子今や天に在りて安し、彼女の臨終は最も平静なる者なりし、モー往きますの一言を洩し、口元に微笑を湛えながら眠につき申候、霊魂不滅は明白に証明致され候、我等は我等の愛する者と必ず再会致すべく候」

これによれば天国は「天」にあるのであり、「往く」ことによって入るところです。そして「再会致す」ことのできるところです。親鸞や満之のようにたとえ不完全であっても、今、ここで体験されるという浄土とは違います。この点に、天国と浄土の違いが見られます。「ルツ子は今や父の国に於て安全なり」（同）と鑑三が確信しようとするように、父の国、天国に昇って行った、そして死後そこで再会できると堅く信じる決断の中に信じられるところが天国なのです。ここにキリスト教の天国の特色があります。

学生時代から鑑三に私淑した経済学者矢内原忠雄（一八九三〜一九六一）は、ルツが埋葬されたときのことを次のように回想していますが、この特色がよく表われています。「先生は一握りの土を掴《つか》んだ手を高く上げられて、肝高い声でいきなり『ルツ子さん万歳』と叫ばれました。全身雷で打たれた様に、私は打ちすくめられてしまいました。『これはただごとではない、キリスト教を信ずるという事は生やさしい事ではないぞ、一生懸命のものだぞ。』そう叩き込まれたその時の印象が、私に初めてキリスト教の入口を示してくれたのです」（「先生の涙」、『追想集内村鑑三先生』所収）

満之は明治三十一年の日記に、「死」と題して書いていますが、「生死は人界の最大事件」（『臘扇記』）であるとし、死に対する覚悟さえできればほかのことで苦しむことはなくなると言います。死について真剣に考えれば生の意味もわかってくるからです。死と直面して生きてきた満之にとって、死は生の終わりとしての単なる一事件ではありませんでした。強く積極的に生きるためにぜひとも真正面から直視し、解決すべき根本問題であったのです。人間の問題として最も大切な問題であり、あらゆることに対して最優先されるべき問題でした。

そして、彼は次のように死を見きわめようとしたのです。

「死に対しては吾人は無能なり、吾人はこれを防止するあたわず。吾人は死せざるべからず。……生死は吾人の自由に指定し得るものにあらざるなり。生死は全く不可思議なる他力の妙用によるものなり。……しからば吾人は生死に対して喜悲すべからず。生死なおしかり。いわんやその他の転変に於てをや。吾人はむしろ宇宙万化の内に於て、かの無限他力の妙用を嘆賞せんのみ」（同）

彼によれば、死は人間の能力を超えたものであって、この点を明確に自覚せよというのです。人間には如意つまり自分の意志で左右できるものと、不如意なものつまり人間の意志ではどうにもならないものがあり、死は不如意なるものであることを知れというわけです。ですから死については悲喜することをやめ、人をして生死させる宇宙の本源、すなわち無限の他力の働きに目を向けよというのです。このように他力の働きに主眼をおく点では鑑三の言う神と通じるかのようにも思えます。

しかし満之の言う無限者、如来は、鑑三のような「要務」をゆだね、その要務によって死の時期を決めるというキリスト教の神とは違い、宇宙の本源であり、その働きを気づかれる存在なのです。宇宙万化の内に働く無限の妙用を通して自覚される存在なのです。それゆえ神の意志に従って生きた者を天国に導き、その意志に逆らいエゴイズムに生きた者を地獄におとすという存在ではありません。ですから、鑑三の言う天国と満之の言う浄土も、おのずから違ったものになります。

満之の言う浄土は、死後神に裁かれておもむく天国とは違います。彼の浄土は、すでに見てきた表現によれば、「宇宙万化の内に於て、かの無限他力の妙用を嘆賞」できる世界、「虚心平気に、この世界に生死することを得」させていただける世界、「常に平安に住することが出来る」世界、「死生の大事をこの如来に寄托して、少しも不安や不平を感ずることがない」世界、「死生命あり、富貴天にあり」と感じられる世界なのです。

人格的な神に裁かれ、導かれ、地上を去って後に神とともに生きるという世界ではなく、今、ここで宇宙の「根本本体」である如来に自己を「寄托し」、「虚心平気に」生きることができる世界です。ですから生きて、今、ここで体験できるのです。これを死後に行くところであると説いたのはあくまで方便の世界なのです。苦しい闘病や人間関係の苦しみに悩みながらも、かえってそこに如来の慈悲を体験し、煩悩を喜びに転じていくことのできる世界が満之の浄土であり、肉体が朽ちる死については「不可思議なる他力の妙用によるもの」と決着でき、死を契機に真の浄土に参らせていただけると確信できる浄土なのです。

天国に至るために信仰を強め、神からゆだねられた「特殊の要務」を果たそうとするのではなく、あるいは「天国に入るの準備をまっとう」しようとするのでもなく、ただ今、ここでこそ浄土に住まわせていただいている、死後のことはすべて如来に寄托していると安心感に満ちて生きるところこそが満之の浄土でありました。「万事を神に任せ奉る」と言った鑑三と「死生の大事をこの如来に寄托する」と言った満之の心には、他力にすべてをゆだねるという点では通じるものがあるのですが、神と如来、天国と浄土の意味には、やはり違いがあるのです。

# 第二部　浄土を体験する

## ――死を恐れないための十段階の実践――

宗教というものは、ただ頭だけで理解するものではありません。頭で理解し、心で得心し、体で体験、体得し、生きる勇気を生むものとならねばなりません。

そこで、この第二部では、今まで理解してきた親鸞の新しい浄土を実践的に体験するため、十の段階を設定し、親鸞や満之に導かれつつ、具体的にこれを体得していきたいと思います。

まず第一段階として、自分を見つめることからはじめます。これは絶対に欠かせないことですから。

次に第二段階として、この自分が、実は仏によって救いの対象になっていたことに気づく体験をしたいと思います。

第三段階として、その救われている自分をよく見つめてみたいと思います。

第四段階として、その自分を見つめてみると、見つめている自分のまわりの風光が変化していることに気づきますので、そのことを指摘してみます。この変化をよくながめてみますと、実は浄土が自分のまわりに開け、この自分を包みはじめていることに気づきます。曽我量深が「浄土がからっと開けてくる」「お浄土へ近づくのではない。お浄土が近づいてくる」（『浄土の問題』）と表現し、金子大栄が「浄土を願いつつ歩むということは、浄土が我々の世界に現れてくる、浄めの世界が現れてくることです」（『金子大栄　歎異抄』）と表現しているのも、これに関係があると思えます。

第五段階として、このような浄土を感じ、体験することによって、次第に自分の人生観や世界観に変化が起こっていることに気づくはずです。この変化を大切にして積極的な人生観を形成する糸口を見つけてみたいと思います。

第六段階として、このような体験が、今まで自分を苦しめてきた煩悩に対する見方を大きく変えてしまうことに注目します。煩悩は憎むものではなく、感謝するものとなります。煩悩があるからこそ、このような体験ができるようになったと考えられるようになるからです。

第七段階として、煩悩に感謝できるようになれば、対人関係、対社会関係への心構えも大きく変わる点に注目してみます。人のために尽くすことが喜びになってくれば、その喜びによって浄土は一層われわれに近づいてくれるでしょう。

第八段階として、浄土を体験しながら、いつか必ずやって来る病に対してどのように対処すべきかを考えてみます。

第九段階として、浄土は、本当は死を超えた世界ですが、あらためて肉体的な死と浄土の関係を考え直し、死を恐れない方法を見つけてみたいと思います。

最後に、第十段階として、浄土を体験しつつ、この現実の世界をあるがままに生き、喜び、感謝できる生き方を確認してみます。

では、順を追って考えてまいります。

## 第一段階　自分を見つめる

人間は誰でも、真面目に生きたい、本当の人生を生きたいと思い、自分なりに一生懸命考え、努力しているのですが、なかなかうまくいきません。

満之はこんなことを言っています。真面目に生きるためには、行ないを正しくしなければならない、法律を犯してはならない、他人に対する義務、家庭に対する義務、社会に対する義務、友人に対する義務などをきちんと行なわなければならないと思い、そうしようと思うが、実際は容易ではない。真面目にこれを実行しようとすれば、結局は不可能だといわざるを得ないと言い、次のように書いています。「私はこの不可能に衝き当りて、非常なる苦しみを致しました。もしこの如き不可能のことの為に、どこ迄も苦しまねばならないならば、私はとっくに自殺も遂げたでありましょう」（「我が信念」）と。

では、満之がこのような悩みを離れ、解決の糸口を見出した出発点はどこにあったのでしょうか。

それは、「自分を見つめる」ことにあったのです。満之はこれを「自己省察」とか「内観」と言い、誠実に自己を問うていくことになりました。たとえば「すべからく自己を省察すべし、大道を知見すべし」（「絶対他力の大道」）とか、「吾人《ごじん》はまず第一にすべからく内観するの必要あることを唱道するものなり」（「まずすべからく内観すべし」）と自分を見つめることの必要性を強く主張しました。こうして自分の中に入り、自分の存在そのものを見つめ、見きわめようとしました。この道は容易ではありませんでした。きびしい道を歩まねばならなかったのですが、このことが、後に救いを得、浄土の体験をする第一歩になったのです。

それでは、親鸞が自分を見つめ、内観、自己省察を繰り返した結果、行き着かざるを得なかった姿を見てみましょう。

「善いことをしようとしても悪に沈んでいってしまう自分を止めることはできない。私の心は蛇やさそりのように煩悩に毒されてしまっている。だからどんなに善を修めようとしても、その毒がまじり、うそいつわりの行になってしまう」（悪性《あくしょう》さらにやめがたし　こころは蛇《じゃ》蝎《かつ》のごとくなり　修善《しゅぜん》も雑毒《ぞうどく》なるゆえに　虚仮《こけ》の行《ぎょう》とぞなづけたる）（「正像末《しょうぞうまつ》和讃《わさん》」）。

私たちは、世間から善人であると思われたい、社会に貢献したいと思い、善い行ないをしようとしています。そこで世間一般にいわれている善いことを実行し、それなりに善人だと思いこむか、少なくとも悪人だとは思っていないのが一般でしょう。ところが親鸞はそのような一般の善がどんなにいつわりに満ちているか、それを行なうことによって善人だと思われようとすることがどんなにエゴイズムに満ちたことかというレベルで自分を見つめているのです。善人であろうとすればするほどそのような自分の虚像が見えてくるのでした。また次のようにも吐露します。

「悲しいことだ、愚かな私親鸞は、むさぼりの海におぼれ、名誉や利益ばかりを求める山に迷いこんでしまっている……」（悲しきかな、愚禿鸞《ぐとくらん》、愛欲の広海に沈没《ちんもつ》し、名利《みょうり》の太山《たいせん》に迷惑して、……）（『教行信証』）

自分の中にどんな善の要素も見つけることはできませんでした。このままでいけば、もはや行きつく先は地獄しかないことになってしまいます。

「どんな行もおよびがたい自分であるから、地獄へおちるしかない」（いずれの行もおよびがたき身なれば、とても地獄は一定《いちじょう》すみかぞかし）（『歎異抄』）

と告白するほかありませんでした。

親鸞のこのような態度について、大学の学生に話しますと、彼らは「なぜこんなに自分を責めるのか」「とてもついていけない」「異常に敏感すぎる」などと言います。善悪について人間の世界だけで判断する傾向の強い現代人からすれば、異常と映るのかも知れませんが、しかしこれを異常としか感じられないことは、現代人の理想はあまり高くないということではないでしょうか。これくらいの悪の自覚の程度では宗教の深みに触れることは無理でしょう。昨今「他力本願」という言葉がよく誤解されるのも、ここに一因があるように思われます。

実はこのような態度の中にこそ、人生を真実に生きようとした親鸞の生き方が考えられるのです。一点の妥協もなく自己を見つめることは、ぴったりと真実な生き方はどこにあるかに目が向けられていることでもあります。もはや、単なる現実世界の価値判断は問題になっていないのです。彼が口調を強めて「世の人々のあざけりを恥じない」（人倫《じんりん》の嘲《あざけり》を恥じず）（『教行信証』）と言い切っているのも、世間の善悪判断をまったく自己の判断基準にしていないからです。

こうして自分を見つめ、自己を内観、反省する結果見出すものは、自分のみじめな姿でもありますが、この行為は決して無駄なことではないのです。満之は主張します。

「内観を盛んにして自己の立脚地を省察せば、我等の第一に感知する所は、自己の闇愚無能、いわゆる罪悪生死《ざいあくしょうじ》の凡夫であると云うことであります、……自己の闇愚無能なることを自覚するは、これ非常なる苦痛の因なるかの如く思わるゝかも知れませぬが、決してソーデはありませぬ」（「精神主義〔明治三十四年講話〕」）

自分を見つめることによって行き着く先は愚かな自分の自覚であり、苦しみにさいなまれる原因になるかのようですが、決してそうではないというのです。実はこのような徹底した自己省察は、自己を破り、新たなる自己を発見する第一歩になっていくということを言っているのです。

では第二段階に移りましょう。

## 第二段階　救いに気づく

どうしようもない自分、救われがたい自分に気づくとき、人は深い孤独感におちいるものですが、同時にそれまで気づかなかったことに気づく機会にもなるのです。

そんな親鸞がたどりついたのは、仏の心、仏の気持ちの中に入り、仏の意志を聞き取ろうとすることでした。それまでの親鸞は、ただ仏に祈ったり、崇拝したりという、いわば外側から仏に接することだけをしていたのです。しかしやがて気づいたことは、苦しむ私を何とかして救おうと仏ご自身が苦労してくださっているのではないか、私などより仏ご自身のほうがずっと苦労してくださっているのではないか、という仏自身の気持ちに直接問うてみようということでした。

このような問いは救われようのない自分に気づかなければ出てこない問いなのです。親鸞の態度を注視しますと、必死になって仏の意志をたずねる態度が非常に強いことに気づきます。仏の前で、自分のありのままの姿を告白し、仏ご自身の気持ち、心、意志を聞き取ろうとする態度がとても強いのです。ちょうど何かに失敗し絶望した子が、母親に向かって自分の失敗を打ち明け、母親の深い愛情を必死に求めているようなところがあるのです。

たとえば次のように仏自身の心、意志を必死になって問い続けました。

「仏のお心は深すぎて私にはとてもはかることができませんが、ひそかに推察させていただきますと」（仏意測《はか》り難し、しかりといえども、竊《ひそ》かにこの心《しん》を推《すい》するに）（『教行信証』）

こうして問い続けた結果、ついに仏の真意を聞き取ることになりました。親鸞を救うために実は親鸞以上に苦しんでいた仏（如来）の姿に気づいたのです。少し長くむずかしい文章ですが、あえて引用してみます。

「如来は、すべての苦悩する人々をあわれんでくださり、長い長い間菩薩の修行をしてくださったとき、身体と口と心の修行を行なう中で、一瞬一刹那《せつな》も清浄《しょうじょう》でなかったことはなく、真実の心でなかったこともありませんでした。そして清浄の真心をもってあらゆるものが完全に一つに融け合った、何ものにもさまたげられない、思惟を超えて口にも文字にも表わせない至上の徳を成就してくださいました。その徳を、煩悩にまみれ・悪行に走り・悪知恵におぼれた私たちすべてに、真心をこめてめぐらし、施してくださっていたのです」（如来、一切苦悩の衆生海を悲憫《ひびん》して、不可思議兆載永劫《ちょうさいようごう》において、菩薩の行を行じたまいし時、三業《さんごう》の所修、一念・一刹那も清浄ならざることなし、真心《しんしん》ならざることなし。如来、清浄の真心をもって、円融無礙《えんゆうむげ》・不可思議・不可称・不可説の至徳を成就したまえり。如来の至心をもって、諸有《しょう》の一切煩悩・悪業・邪智の群生海《ぐんじょうかい》に回施《えせ》したまえり）（同）

仏ご自身が親鸞をあわれみ、親鸞以上に苦労し、しかもこの苦労の結果を親鸞に与えてくださっていたと気づいたのです。悪に穢《けが》れた親鸞のために、如来はわざわざ法蔵菩薩と名乗り、苦労して親鸞を救おうとされていたと、ひしひしと感じさせられ、気づかされたのです。この気づきが実は回心《えしん》であり、ここに親鸞は本当の他力の信心を得ることになったのです。

自己の赤裸々な姿を徹底して反省し、その姿に誠実に悩み苦しんだことが仏の真の意志、真の慈悲、真の本願に出会わせ、気づかせたのです。この第二部の初めに、私は自分を見つめることなくしては絶対に浄土を体験することはできないと書きましたが、自己凝視を欠いては仏の意志には出会えず、まして浄土を体験することなどできないからです。自己凝視、自己反省によって救いに気づく点は、多くの宗教に共通するものです。

参考までにキリスト教のルターの態度を見てみましょう。ルターと親鸞とは宗教的背景も歴史的背景もまったく違うのですが、自己凝視から救いに気づき回心する過程には類似するものがあるからです。

ルターは修道院で完璧なまでに自己省察をし、修行にはげみました。しかし修行をすればするほど自己の悪、罪がいかに根深いものであるかを知らされます。善行をしながら、この行の根底には自分の自己愛、むさぼり、我愛しかないことに気づくのでした。その自分が一体どのようにして神の裁きの前に立ち得るのか、どうして義となり得るのかを考えるとき、次第に彼は絶望の淵に沈みこんでいきました。イエスも神とともに彼の罪を責める存在にしか映りませんでした。

しかしやがて、それまでルターの良心を責め続けていたイエスが、逆に人間のために人間よりはるかに苦悩していたことに気づくことになったのです。神の子イエスが罪もないのに人間の罪を背負って十字架の上で苦しんで死んでいかれた、私の罪を背負って死んでくださったのだと気づいたのです。イエスがルターを苦しめるのではなく、実は罪あるルター自身がイエスを苦しめていた、そのためにイエスはルター以上に苦しみ、死んでいかれたのだと気づいたのです。自分の罪の苦悩がすでにイエスによって苦悩されていたと感じたのであり、それほどまでに深い愛が自分に与えられていたことを知ったのです。ここに彼の回心の根拠がありました。

同一の次元で二人を比較することはできませんが、二人にとって自己よりも先に仏や神に自分が思いやられ救われていたと感じ、気づいたことは深い類似性であると考えられますし、このような点に宗教のもつ重要な意味を汲み取っておかねばならないでしょう。

現代は、ややもすると仏や神に目を向けることが忘れられ、人間だけの善悪観や損得勘定ですべてが決着され、その結果、疎外感を感じ孤独におちいったり、「勝ち組」「負け組」といった狭く荒涼とした人間観の中で思い上がったり、挫折感に打ちひしがれたりするケースが増えています。見えないところ、気づかないところで救いの手がのばされていることを体感し、体験すべきでしょう。

いずれにせよ、こうしたきびしい自己省察、内観、仏の意志への探究によって、救われようのない自分が、すでに仏のほうから救われていたことに親鸞は気づいたのです。このような親鸞の気づきの体験を、われわれも再体験してみることが第二段階です。

## 第三段階　救われている自分を見つめる

次に、救われようのない自分がすでに救いの対象になっていたと気づかされることは、深い喜びを生みます。

親鸞が『歎異抄』で、「救いの方法を長い間考えてくださった阿弥陀さまの願いは、よくよく考えればまさにこの親鸞一人のためであった」（弥陀の五劫思惟《ごこうしゆい》の願をよくよく案ずれば、ひとえに親鸞一人《いちにん》がためなりけり）と語った言葉は、この喜びに満たされた言葉です。あるいは「阿弥陀さまがひたすら私を思ってくださるご恩には、身を粉《こ》にしても報いなければならない」（如来大悲の恩徳《おんどく》は　身を粉にしても報ずべし）（『正像末和讃』）という言葉もそうでしょう。

この喜びがいかに大きく深いものであったかは、釈尊までもがほめてくださっているという親鸞の次のような和讃にきわまるといえます。

「他力の信心をいただいている人は、仏さまの教えを敬い、喜びに満ちているのですから、私の親友だとお釈迦さまはほめてくださっています」（他力の信心うるひとを　うやまいおおきによろこべば　すなわちわが親友《しんぬ》ぞと　教主世尊《せそん》はほめたまう）（同）

さて、こうして仏のほうから救いの対象にされていたということは、信仰も一般の信仰とは違うものになるはずです。救われている自分の心の中を見つめてみると、信じる心つまり信心も、自分が努力して磨くような信心ではないことがわかります。自分の力で仏を信じるのではなく、仏ご自身が信じさせてくださっていると感じる信心なのです。この信心を親鸞は「如来からいただいた信心」（如来よりたまわりたる信心）（『歎異抄』）であるとも表現しますし、自分の力ではなく仏の願によって初めて生まれるものという意味で、「信心は仏の願によって生まれる」（信は願より生ず）（『高僧和讃』）とも表現します。具体的にはどのような信心なのでしょうか。

もともと仏教においては、たとえば『華厳経』に「信は道の元、功徳の母」といわれるように、「信」は仏道に入るための第一歩、つまり初門というべきものでした。「信解行証《しんげぎょうしょう》」という言葉があるように、まず仏の教えを信じ、これを理解し了解して行をおさめ、証を得るという意味での信でした。

しかし親鸞は「仏のさとりを得る真の原因はただ信心だけによる」（涅槃の真因はただ信心をもってす）（『教行信証』）と言い切っています。伝統的な仏教で初門とされた信を、なぜ真因であるとまで言い切ったのでしょうか。実はここに親鸞独自な信仰があるのです。

煩悩にしばられた人間は純粋に仏を信じることさえできません。純粋な信をもちえないということは、すでに仏道の入口で挫折してしまうことでした。親鸞の深い悲しみはここにあったのです。しかしこの悲しみが仏の深い慈悲、思いやりに気づかせることにもなったのでした。

第二段階で引用した文とよく似ているのですが、次のように書いた文があります。「如来は苦悩する人々を悲しみあわれみ、無限に広大で浄らかな信心を人々にお与えになりました」（如来、苦悩の群生海《ぐんじょうかい》を悲憐《ひれん》して、無碍広大《むげこうだい》の浄信をもって諸有海《しょうかい》に回施《えせ》したまえり）（同）というものです。浄信とは仏の願心から生まれた浄らかなものであり、この信心の心は仏がひたすら人々を信じる心です。煩悩に汚れた衆生の心は真実の信心をおこすことはできないが、仏の衆生への信心は一点の汚れもない純粋な信心だというのです。だからこそ自分で信心をおこすのではなく、ひたすら仏の信心をいただかねばならないというのです。そのとき、仏の思いやりの心がいよいよ人に届くようになり、それが生きることへの力になっていくのです。

さて、信心の意味を転換した親鸞は、同時に「念仏」の意味も転換させることになります。彼によれば、念仏は単にわれわれ人間のほうから一方的に称《とな》えるようなものではないというのです。純粋な信心もおこせないような人間には純粋な念仏も称えられるわけがありません。そう感じる親鸞が気づかされたことは次のようなことでした。すでに仏ご自身がみずからの存在と働きを仏の名すなわち名号の中に包みこみ、これを人々に勧めてくださっていたということです。これが仏から与えられる念仏でした。つまり仏に信順する心がおこるようにと、すでに仏によって工夫され、完成されていた言葉だったというのです。

言いかえれば、念仏は人間の側のものというより、仏の願いに目ざめさせようとする仏からの呼び声なのです。たとえば「お母さん」という声は確かに子供から発せられる声ですが、もともと母親のほうから「私が母ですよ」と呼びかけられ、教えられていたからこそ出てくる声です。

このように親鸞の言う念仏の背後には、仏の願いと働きかけが強くこめられているのです。だからこそ、心から念仏を称えようと思い立つとき、すでにその人は阿弥陀仏によって抱きとられ、救われているといえるのです。

自分を省察し、救われていることに気づき、救われている自分を見つめると、実は信心もいただいているもの、念仏も称えさせていただいているものであることが、素直に納得できるはずです。この第三段階まで来ると、自分の心の中も大きく変わりはじめていることに気づき、さらに自分を包むまわりの風光も何となく変わりはじめていると感じられると思われますが、次にこの点を見てみましょう。

## 第四段階　自分のまわりの風光の変化に気づく――浄土に出会う――

私たちは、とかくこの世界の楽しくきれいな面だけを見て暮らそうとしがちですが、真面目に意義ある人生を生きようとするならば、やはりこの世界をしっかりと見つめることが大切でしょう。

親鸞はこの現実の世界を「火宅無常《かたくむじょう》の世界」とし、次のように言っています。「火宅無常の世界は、すべてのことが皆うそいつわりであって、真実なものなど何一つありません」（火宅無常の世界は、よろずのこと、みなもって、そらごとたわごと、まことあることなき）（『歎異抄』）

火宅無常の世界とは、火事になった家がたちまちのうちに燃えて姿が変わっていく様子を表わした仏教用語で、変転きわまりないこの現実の世界には、真実なものなど何もない、ということを言い表わしているものです。しかし親鸞は、だから現実の世界など意味がない、死後の極楽浄土だけをたのみなさい、などとは決して言いません。逆にこの現実の世界を意味あるものにしようとしたのです。

真実の宗教は決して現実の世界をないがしろにするものではありません。親鸞は死後のために浄土を説くのではなく、逆に今、この現実の世界で浄土を体験しようと説いたのです。ですから信心をいただき、念仏をいただいた上で、この現実の世界を見直さねばならないのです。では信心をいただき、念仏をいただくとき、この現実の世界はどのように変化するのでしょうか。浄土はこの現実の世界にどのようにかかわってくるのでしょうか。三つのプロセスを通して見てみましょう。

〈1〉親鸞は、「信心をいただいて喜ぶ人は、如来と等しいと説かれています」（信心よろこぶそのひとを　如来とひとしとときたまう）（『浄土和讃』）と述べます。信心をいただくということは如来の心と同じ心をもたせていただくことですから、信心をいただくとき如来と等しくしていただけるのであり、如来の住んでおられる浄土にそのまま住めるはずです。

あるいは、すでに見たように、『無量寿経』には「あらゆる人々が名号を聞いて信心をいただき喜んで念仏しようとするとき、……たちどころに浄土に往生させていただき、不退転の境地に住まわせていただける」（諸有衆生、聞其名号、信心歓喜、乃至一念。……即得往生、住不退転）と書かれていますから、そのまま浄土に生まれ、住むことができるはずです。確かに理論上はそうなるはずです。

しかし、人間の煩悩はやっかいなものです。信心をいただき念仏が口をついて出てくるとき、周囲は浄土となっているはずですが、煩悩が目をおおってしまうのです。

先にも紹介したように、鈴木大拙は「私の解釈では、浄土はまさしくここにあるのです。具眼の人はここで浄土を見ることができます」と指摘していますが、親鸞は自分が具眼の人とは思えなかったのです。確かに禅の立場からすればこのように解釈できるのでしょうが、あるいは親鸞においても理論上はそう考えられたのでしょうが、彼の気持ちからすれば、どうしてもそう思えなかったのです。

摂取《せっしゅ》の光明《こうみょう》に照らされれば、この現実の世界が浄土になるはずですが、煩悩に汚された目がそれをさまたげてしまうのです。煩悩が眼《まなこ》をさえぎってしまうのです。しかし親鸞は、そうであっても次のようなことは忘れてはならないといいます。

「煩悩に眼をさえぎられ、摂取の光を見ることはできませんが、大悲はいつも私の身を思いやり、照らしてくださっているのです」（煩悩にまなこさえられて　摂取の光明みざれども　大悲ものうきことなくて　つねにわが身をてらすなり）（『高僧和讃』）

いずれにせよ、はっきり目で確認はできないのですが、信心をいただき念仏を称えさせていただいているとき、自分は浄土に住まわせていただいていると確信してよいでしょう。煩悩をもっているので理論上のことではありますが。

〈2〉次に、煩悩によって制限されてはいますが、それでも見られる浄土の風光の変化を見てみましょう。

すでに第一部第三章で触れましたが、信心をいただいた人は必ず浄土に往生して仏となると定められた人、つまり正定聚《しょうじょうじゅ》となるのでした。ですから臨終を待つ必要も、来迎《らいごう》をたのむ必要もありませんでした。親鸞に至るまでは、浄土に生まれることは臨終の際に決められることであり、それによって来迎があるかないかが決まったのですが、親鸞はそのような死を中心にした浄土というものを考えませんでした。

浄土に往生し仏としていただくことは、今、ここで決定されるのです。理論上は今、ここで即座に浄土に住める、それが即得往生でしたが、煩悩をもつ身には現実的に不可能です。しかし、浄土に生まれる価値などないわが身が浄土に生まれることが決定され、約束されたということは深い喜びを生み、深い満足を与えるでしょうし、この喜びに動かされることによって、周囲の世界は新しい風光になるでしょう。

今までうっとうしく思えたものが美しく見え、憎んでいた人々も同じ人間としての同朋《どうぼう》であると映るようになるはずです。

親鸞が関東にいたとき、当地には山伏の弁円《べんねん》がいました。親鸞に信者を奪われた弁円は嫉妬に狂って何度も親鸞を殺害しようとしましたが、どうしてもできませんでした。焦《あせ》った弁円は剣をもって直接親鸞の草庵に乗りこみます。ところが弁円の前に現われた親鸞の姿はどうでしょう。相手が剣をもって怒り狂っているのに、数珠だけをもって平然としています。しかもその顔は険しくない。親しみをこめています。弁円には親鸞の気持ちがわかりませんでした。しかし親鸞にしてみれば、阿弥陀仏が最も救おうとしておられる人間が現われたのです。敵が現われたのではなく、罪深い自分の同朋が現われたのです。「よくぞ来られた」という心境であったのでしょう。この心境になれたのはすでに浄土に包まれていたからであり、浄土に照らされていたからだと思えるのです。この親鸞の姿に弁円は心を貫かれ、弟子になったのです。

満之は、信じる心のありさまを「信念」と呼び、心の変化について次のように書いています。「私が種々の刺激やら事情やらの為に、煩悶苦悩する場合に、この信念が心に現われ来る時は、私は忽《たちま》ちにして安楽と平穏とを得る様になる。その模様はどうかと云えば、私の信念が現われ来る時は、その信念が心一ぱいになりて、他の妄想妄念の立ち場を失わしむることである」(「我が信念」)

信念が心に現われてくると、それが心一杯に満ちてくる。すると妄想や妄念が失われ、安楽で平穏な気持ちになれ、自然にまわりの風光も変わってくるはずです。変わってくれば自然に喜びと感謝の世界に移っていくといえましょう。心模様の中に浄土が現われてくるはずです。これが浄土に往生する一つの現実的な表われといえます。

親鸞も「浄土に往生させていただくには、小ざかしい思いをもたず、ただほれぼれと阿弥陀さまのご恩の深いことを常に思い出すべきです」(往生には、かしこきおもいを具《ぐ》せずして、ただほれぼれと弥陀の御恩の深重《じんじゅう》なること、つねはおもいいだしまいらすべし)(『歎異抄』)と語っています。ほれぼれとご恩を思い出すようになれば、自分のまわりの世界はほれぼれとした世界になり、人にもほれぼれとした心境で接することができるようになります。弁円も親鸞との出会いを通じて、親鸞にほれぼれとした気持ちをもてるようになりましたし、親鸞のまわりの人々に対しても同じように接するようになったと思われます。つまり彼の周囲の風光は大きく変わり、そこに浄土を体験したのです。満之も親鸞も弁円も、娑婆に住み、煩悩をもつゆえに完全に浄土に住むことはできなかったにせよ、深く感謝できる浄土の体験をしていたことは確実であると思えます。

さらに浄土の体験を通して、現実に人を取りまく樹木のたてる音や光の輝きといったものも、変わってきたはずです。すでに第一部第四章で指摘しておきましたが、親鸞は従来の視覚的できらびやかな浄土を方便の浄土とし、真の浄土とはしませんでした。しかし否定はしていません。すなわち「宝林宝樹微妙音《みみょうおん》　自然《じねん》清和《しょうわ》の伎楽《ぎがく》にて　哀婉雅亮《あいえんがりょう》すぐれたり」とか「七宝樹林《しっぽうじゅりん》くににみつ　光耀《こうよう》たがいにかがやけり　華菓枝葉《けかしよう》またおなじ」というような描写をしているのです。浄土は実体的にこのようなものだと断定してはいけませんが、真の信仰をいただくとき、たとえば現実の世界がこのようにも見えてくるという意味で、このような境地を認めていたのだと思えます。そういう世界が実在するのではなく、信心を得て感謝するとき世界がこのような世界になってわれわれに近づいてくる、と言いたかったのだと私は考えます。

こうして煩悩をもちながらも、信心によって開けてくる世界が体験できるようになるはずです。

〈3〉しかし煩悩は手ごわい。本当に手ごわいし、手をやかせるものです。とても断ち切ることなどできないものです。

親鸞も「今生《こんじょう》においては、煩悩を断ち切ることなどとうていできない」(今生においては、煩悩悪障を断ぜんこと、きわめてありがたき)(『歎異抄』)と告白しています。浄土に往生が定まり、約束されていながら、煩悩はこれを素直に喜ばせず、この世に執着させようとするのです。すでに引用したように、「遠い遠い過去から今まで、生まれかわり死にかわりして流転してきた苦悩の世界なのに、これを捨てられず、これから生まれさせていただく安らぎに満ちた浄土を恋しいと思えないのは、よくよく煩悩が盛んだということです」(久遠劫《くおんごう》よりいままで流転せる苦悩の旧里《きゅうり》はすてがたく、いまだうまれざる安養の浄土はこいしからずそうろうこと、まことに、よくよく煩悩の興盛《こうじょう》にそうろうにこそ)(『歎異抄』)と、親鸞は悲歎します。

浄土が約束され、喜びに打ち震えても、いざ命を終えようとするときには、煩悩に満ちたこの世がよくなってしまう。少しでも病気になったりすると、死んでしまうのではと心細くなるというのです。こんなことでは浄土に往生する資格はない、と言いたくもなりますが、これこそが自力の考え方なのです。親鸞によれば、浄土へ早く参りたいと思えない人こそが、仏にあわれまれているのであり、それゆえ往生はいよいよ定まるのだというのです。

死にたくなければそれでよい、いよいよ肉体が朽ちたら浄土に導いていただけるのだから、そのままでよいというのです。浄土に参ることを願えないのに必ず浄土に迎えていただけるというのです。もはや人は何にも悩むことなく、迷うこともまったくなくなるのです。こちらから望むことができなくても、いわば浄土が近づいてきてくださるわけですから。結局真の浄土の体験は、煩悩がある限り完全にはできませんが、それでよいのです。自分でできなくても、確実に浄土のほうから浄土が近づいてきてくださっている、と気づければ、立派な体験になるのです。

ここに真の希望がわいてきます。煩悩に悩まされながら、しかも希望をもって生きてゆけるのです。煩悩の雲におおわれていながら、常に浄土に照らされ包まれていると確信でき、命の終わりに向かって希望をもって生きていけるのです。命の終わりに向かう世界も希望に満ちた風光をもった世界に変化します。

このような浄土の体験は、人生観も大きく変えることになるでしょう。

## 第五段階　浄土を体験し、人生観を変える

さて、煩悩に悩まされていても、希望をもって生きられると確信できれば、柔軟な生き方ができるようになるはずです。親鸞は次のように言います。

「信心が定まったなら、往生は阿弥陀さまのはからってくださることですから、自分がはからうべきことではなくなります。ですからたとえ自分が悪いことをしても、ますます阿弥陀

さまの願いの力を仰ぎ信じさせていただくなら、自分のはからいの入らない他力の道理によって、おのずから柔和忍辱《にゅうわにんにく》の心も生まれてくるものです」（信心さだまりなば、往生は、弥陀に、はからわれまいらせてすることなれば、わがはからいなるべからず。わろからんにつけても、いよいよ願力をあおぎまいらせば、自然《じねん》のことわりにて、柔和忍辱のこころもいでくべし）（『歎異抄』）

柔和忍辱という仏教用語は、心がおだやかになり、迫害や屈辱に対してもよく耐え忍ぶことができるようになれることをいいますが、この親鸞の文では、弥陀のはからいのお蔭で心おだやかにされ、どんなことに対しても喜んで耐えていくことができるようになるという意味で使われています。

煩悩をもつ身ですから動揺し腹が立つことも多いでしょうが、自分ではからわず、弥陀にはからわれて浄土に住まわせていただいていると感じるとき、次第におだやかになり、何事にも喜んで耐えることができるようになるというのです。するとまた、自分のまわりが一層浄土に見えてくるでしょう。

満之は、自分の心がそのようになり、精神に変化が現われると外界は変化してくると言っています。「外物は精神の模様に従い、自由にこれを変転せしめ得べきことを信ずるなり。故にかの

『随二其心浄一則仏土浄』とは、これ善く精神主義の外物に対する見地を表白したるものというて可なり」（「精神主義」）。「随二其心浄一則仏土浄」とは、心が浄くなるにしたがって仏土も浄くなるという意味です。

真の浄土に生まれることが約束された人の心は、たとえ煩悩をもっていようと、この世界で浄土に包まれ、次第に清らかにされるのです。清らかにされればこの現実の世界も清らかに映るようになるはずですし、現実の世界に対し、おだやかに接し、どんな迫害や屈辱にも、むしろ喜んで耐えることができるようになるでしょう。そうなれば、おのずから人生観も変わってくるはずです。

満之は「忍辱あれば不争心あり。不争心あれば無瞋心あり。無瞋心あれば和合心あり。和合心あれば社交心あり。社交心あれば同情心あり。同情心あれば慈悲心あり」（『臘扇記』）と言っていますが、忍辱の精神が満ちてくれれば、争う心も消え、怒りも静まり、人と和合することができるようになります。すると社交心が生まれ、他人の心がわかるようになり、その心を慈しむようになるものです。社会的に孤立し、孤独感にさいなまれる人が多い現代、考えるべき態度でしょう。このような態度は浄土を体験するとき、自然に起こってくる態度であり、現実の世界以外に、たとえば浄土などをまったく考えない科学一辺倒の世界観に、反省のきっかけを与えてくれるのではないでしょうか。

浄土は、よくいわれるような信心深い人がこの世に背を向けてひきこもるような世界ではありません。現実の世界が浄土となって現われてくる世界なのです。その世界に満足し、心安らかになるとき、人は真の勇気をもってこの現実の世界を生きようとするのです。

満之は、「実地に満足と安住とを得ば、吾人は自然に彼の小児の如く、活発々地の行動に勇進し得べきなり」(「精神主義と三世」)と言いました。子供のように活発に行動できるようになるというのです。したがって浄土を体験し、この世界に満足する「精神主義は未来の事に対しては実に奮励の主義たるなり」(同)ということになります。

こうして浄土を体験し、仏の働きに感謝し、満足する人にとっては、この世界は希望を生む世界となり、おだやかに、しかも強く生きられる世界になります。そう気づけば、今、ここに、喜んで人生観を変えるチャンスが与えられているといえます。

もはや単にこの現実の世界だけを生きているのではなく、同時に喜びに包まれた浄土を生きているのですから。

## 第六段階　煩悩に感謝する

さて、浄土を体験し、身に実感できるようになると、実は煩悩に対する見方も変わってきます。

この変化に気づくようになれば、また人生も大きく変わってくるはずです。親鸞は、最初は煩悩を敵視していたのですが、やがて救いを深く体感するようになると、逆に煩悩があったからこそ深い救いに出会えたのだと感じるようになりました。この点は後に述べるとして、ここで煩悩というものについて少し考えておきたいと思います。

仏教では、人間には一〇八の煩悩があるといわれますが、煩悩とは心身を乱し正しい判断をさまたげる心の働きをいいます。自己中心的な欲望やそれへの執着心などから生じます。経済至上主義に支配され、欲望と競争が渦巻く現代、よく考え直すべきでしょう。

ところで仏教ではいろいろな煩悩が指摘されていますが、最も根本的な煩悩として三毒《さんどく》という煩悩があげられます。つまり貪《とん》・瞋《じん》・痴《ち》の三つがそれです。

第一に、「貪」とは貪欲のことであって、むさぼる心のことです。なければないで欲しくなり、あればあったでさらに欲しくなる。何でも自分に都合よくあって欲しいと思う強く深い欲望のことです。

第二に、「瞋」とは瞋恚《しんに》のことであり、怒りの心のことです。貪欲がさまたげられれば怒りの心がおこる。欲望のある限り、怒りの火は消えません。

第三に、「痴」とは愚痴のことであり、物事の道理を知らないことを指します。道理を知らず、人をねたんだりうらんだりする心のこと。無明《むみょう》とも呼び、煩悩の中で最も根本的なものとされます。

仏教においては本来人間の心は清浄《しょうじょう》であり、煩悩は外から付着するものであると考えられてきました。ですからこの煩悩を滅ぼすことによって苦しみから解脱できると説かれてきたのです。親鸞もこの考えにもとづき、煩悩と戦い、これを断ち切るために比叡山できびしい修行に打ちこんだのです。しかし焦《あせ》れば焦るほど煩悩はいよいよ深く根をはっていきます。煩悩に引きずられ、迷いも一層深まってしまうのでした。しかしこのような体験をし、法然の念仏によって目を覚まされた親鸞においては、煩悩への見方は大きく転換されることになりました。

煩悩は救いをさまたげるものではなく、救いを得させるものであると気づいたのです。『歎異抄』には次のような話が出てきます。あるとき、弟子の唯円《ゆいえん》が念仏を称えても浄土に生まれたいという心がおこらないし、喜びもわいてきませんと訴えると、親鸞は次のように答えたのです。

「喜ばなければならない心を抑《おさ》え喜ばせないのは煩悩がすることとです。しかし阿弥陀さまはこのことをよく知っておられ、人間という者は煩悩に縛られているものである、とおっしゃったのですから、他力の悲願はこのような私たちのために立ててくださったものであると気づき、いよいよ頼もしく感じるのです」（よろこぶべきこころをおさえて、よろこばせざるは、煩悩の所為《しょい》なり。しかるに仏かねてしろしめして、煩悩具足の凡夫とおおせられたるこ

となれば、他力の悲願は、かくのごときのわれらがためなりけりとしられて、いよいよたのもしくおぼゆるなり）

喜ぶべきことを喜べないのは煩悩のしわざなのです。このことを仏さまは知っておいでになり、私たちのために悲願をかけてくださったのですから、煩悩をもつことは障害などにはなりません、というのです。煩悩こそが救いの縁になってくれたのです。逆に煩悩に感謝しなければなりません。この点に気づけば、煩悩はもはや人間を苦しめるものではなく、救いをもたらす深い契機になってくれるものとなります。

親鸞は『高僧和讃』に、「罪障と功徳の関係は氷と水のように一体です。氷が多ければ水も多い。罪障が多ければ功徳も多いのです」（罪障功徳の体《たい》となる　こおりとみずのごとくにて　こおりおおきにみずおおし　さわりおおきに徳おおし）と述べています。罪障とは煩悩によってつくる罪業のことですが、この罪業と功徳の関係は氷と水のように一体であるというのです。氷が多ければ水も多くなります。煩悩のつくる罪業が多ければ、それだけ功徳を多くいただけることになります。親鸞を苦しめた煩悩は、今や親鸞にとって感謝すべきものになったのです。

煩悩すら感謝できるということは、この現実の世界すべてに感謝できるようになるわけですから、この現実の世界の風光、娑婆の風光は大きく変わるはずです。みにくい穢土も、このような感謝の気持ちから見れば、浄土として見えてくるはずです。あるいは浄土がいよいよ間近に開かれてくる、近づいてくるといってもよいでしょう。もちろん人は生きている限り煩悩をもったままですから、穢土がそのまま完全に浄土になってしまうわけではありませんが、ありがたいものになってくるはずです。

とすれば、少なくともこの世界は憎んだり恨んだりするものではなくなります。この世に生を受けたことがどんなにありがたいことであるかが、身にしみて自覚できるようになります。この段階にまで至れば、浄土の体験においても、ただ風光が変わるだけでなく、浄土の温かみのようなものも体感できるようになるでしょう。すると、現実世界の人間関係などへの心構えも変わってくるのではないかと思われます。

## 第七段階　人間関係への心構えを変える──還相回向《げんそうえこう》の実践──

現代は人間関係で苦しむ人が多くなりました。浄土の体験とこのような問題は関係ないと思われるかも知れませんが、実は深く関係する問題であると私は思うのです。そこで私は、浄土と親鸞の考えた「回向」というものを取りあげ、人間関係に浄土の体験がどのようなヒントを与えてくれるのかを考えてみたいと思います。

まず「回向」という言葉についてですが、この回向というのは、もともと仏教では自分が行なった修行や布施・造寺などの善行を自分や他人のために振り向けるというものでした。しかし親鸞はこの回向の意味を大きく変えてしまったのです。この点に注目したいと思います。

親鸞は『教行信証』で次のように述べています。少しむずかしいのですが、ご辛抱ください。

「つつしんで浄土の真の教えについて考えるに、二種の回向がある。一つには、生きとし生けるものが浄土に往生する往相《おうそう》、二つには往生して再びこの世に還って他人のために奉仕し教えを伝える還相《げんそう》である」（謹んで浄土真宗を案ずるに、二種の回向あり。一つには往相、二つには還相なり）

そしてこの二つの回向、すなわち「往相と還相の回向は他力による」（往《おう》・還《げん》の回向は他力に由《よ》る）（同）と言い切ります。もともと回向というものは自分の力によってするものでしたが、彼は自分の力ではなく他力によって与えられるものだとしてしまうのです。画期的なことですが、もう少し具体的に見てみましょう。

まず往相について、親鸞は「往相とは、阿弥陀さまがご自身の功徳をすべての人々にめぐらし施し、願を立てて、ともに阿弥陀如来の安楽浄土に往生させてくださることである」（往相は、己《おのれ》が功徳をもって一切衆生に回施《えせ》したまいて、作願《さがん》して共にかの阿弥陀如来の安楽浄土に往生せしめたまうなり）（同）と言います。つまり人が自分の功徳で浄土に往生するのではなく、阿弥陀さまの功徳によって往生させていただくというのです。このことは、すでに学んできたことから理解できますが、問題はもう一方の還相のほうです。

親鸞は還相回向について「還相回向というのは、喜んで他人に奉仕し教えを伝えることができるようになることである」（還相の回向と言うは、すなわちこれ利他《りた》教化地《きょうけじ》の益《やく》なり）（同）と言うのです。つまり浄土に生まれさせていただき、そこで人々に喜んで奉仕し、教えを伝えることができるようにしていただけるということですが、それは死後に浄土に行き、再びこの世に還ってきて人々に奉仕し教えを伝えるということなのでしょうか。私にはそのようには考えられません。少なくとも親鸞はそのようには考えていなかったと思うからです。

還相の回向は、この現実の世界でさせていただくことなのです。煩悩をもっていますから完全にはできませんが、信心を得て浄土に出会ったときから、実践すべきことです。この現世において浄土に出会い、浄土を体験させていただいたときから、他人のために喜んで奉仕し教えを伝えることができるようになるのです。喜びと感謝の気持ちから、喜んで身を挺して人のためになろうという気持ちが起こってくるのです。自由にされた喜びから、進んで他人のために服従することができるようになる、とも言いかえられます。

満之が自由と服従について述べたことは、すでに触れたことですが、次のようにも表現しています。「要するに、自由と服従とは決して相容れざるものにあらざるなり。これを相容れざるものとするは、畢竟《ひっきょう》吾人《ごじん》を以て彼我利害を異にする所の個別の存在と為すの迷謬《めいびゅう》に基因するを見る。……天下と共に楽しみ、天下と共に憂うるの見地に安住するに至らば、自由と服従とは固《も》とこれ同一本体の活動上に於ける、両々相依の必然的二方面に過ぎずして、自由はすなわち彼の本体の自動的方面、服従はすなわちその他動的方面。吾人はこの二方面に対して、常に平等の心地を保持せざるべからざることを認知すべきなり」（「自由と服従との相運」）

ここに自由と服従が、喜びの内に同時に実践される根拠があるのです。人間関係に対する心構えが変わってくるでしょう。

ただしその際、心すべきことがあります。あくまでこのようなことは仏の力によってさせていただくことなのです。思い上がってなすべきことではないのです。親鸞は「小さな慈悲すらない身で、人を利するなどと思ってはならない」（小慈《しょうじ》小悲もなき身にて　有情《うじょう》利益《りやく》はおもうまじ）（『正像末和讃』）と強調しています。常に謙虚であることを忘れてはならないでしょう。

## 第八段階　病を生きる

宗教というものは哲学や思想ではありません。今、ここで病に苦しむ者の身も心も救わねばならないのです。苦しみもがいている病人の世界を浄土に近づけ、苦しみをやわらげる働きもしなければならないのです。

満之は、結核に苦しみつつ救いを求めた経験から次のように言っています。「世の人は、肺病と云う病気は、不治症の最も恐るべきものとして、嫌忌しますが、私はこの病気になったのが、非常な良縁であったので、もしこの病気にならなかったならば、……これ程迄に如来の光明を認むることが出来なかったかも知れないのであります」（「精神主義（明治三十五年講話）」）と言い、「恐るべき病気と云う肺結核になったのが、実に幸福なのであります」（同）と言い切っています。

なぜこのように言い切れたのでしょうか。たとえ病床の世界にいようとも、その世界が浄土に包まれ、真の浄土が近づいていると確信できたからこそ、このように言えたのだと思われますので、満之にそう言わせた根拠をさらに問うてみましょう。

満之は明治三十六年四月発行の『精神界』に、「喀血したる肺病人に与ふる書」という文を掲載しています。当時は死病とまでいわれた結核の患者のために、自分の病をどう受け入れるかについて、日頃の思索を書きしるしたものです。内容は「第一条　人生の義務責任について安心すべき事」、「第二条　医薬飲食看護等の事に安心すべき事」、「第三条　最後の救済について安心すべき事」からなっていますので以下、順に見てみます。

最初に第一条では、病にかかった者が苦しむことに、社会に対して精神的にも肉体的にも金銭的にも義務が果たせないということがあるといいます。そこで満之は「病気療養の為には、断じて世間の義理人情の為に悩まさるゝことなきように注意することが必要である」と述べます。世間に不義理をするとか、世間に尽くすことができないことを思い悩んではいけないというのです。言い方を変えれば「道徳不道徳の思想を超越したる天地に、その心を安んぜよ」というのです。この道徳という言葉は、いわゆる倫理道徳という意味での道徳ではなく、人間関係の義務といったものです。ではそれを超越した天地とはどのような境地のことでしょうか。

この境地については第三条に述べられますので、その前に第二条を見ておきます。「医薬や滋養や、看護などと云うことは、ただ幾分その効能のあるのみのもので、決して大層な妙用のあるものではないと云うことである。もちろん肺病には妙薬はないと云うことは、医者の方からも公言して聞かすことではあるが、病人自身にその事を充分記憶して忘れぬようにすることが必要である」。もちろん満之の場合は結核という病気であり、明治のことです。そのまま現代に当てはまるわけではありません。しかし医師や薬や看護の面からのみ病気を見るのではなく、病人本人の心のあり方を問題にしていることに留意しておかねばなりません。

さて第三条で満之は、とかく病気になると世間に気兼ねし卑屈になりがちであるが、健康な人と並び立って人間として意義ある存在となれ、と言います。「肺病人も他の健康者と同様に、人間社会に並び立って、一種の意義を以て生存することを得ることである。その意義と云うのは、外のことではない。社会の組織上に、種々の差別はあれども、畢竟《ひっきょう》、人生の根本問題たる一大事件を解決して、各々にその境遇に応じて、これを実現することである」。病を得たことによって、かえって人生の根本問題を解決し人間社会に意義ある存在となれというのです。ではその根本問題とは何でしょうか。

満之によれば、人生の根本問題とは、人生とは何か、生すなわち「我らが活動しているその活動の根本」とは何かを問うことでした。

病気に負けてこの問題を避けるのではなく、この機会にこの問題を真正面から積極的に問いただせというのです。「この問題についての思念が明白であれば、それが生活作用のすべての方面に大なる気力を与えて、心身を快豁《かいかつ》ならしむるに反して、もし、この問題についての思念が曖昧であれば、生活作用をすべての方面に於て、鈍渋ならしむる次第であるが、病気の時、特に喀血状態などの時は、この影響はすこぶる大なるものである」と言います。病を機に、人生の根本問題を考える宗教的なものを追究しなければならない、その精神的な意欲が心身に気力を与えるというのです。とかく宗教は消極的なもの、ひいては病に対して縁起の悪いものであるなどとされがちですが、それは決して宗教本来の姿ではないというのです。

ではその宗教的なものとは何でしょうか。満之によれば阿弥陀仏に救済を願うということです。

「我等は到底我等自らの力で、生死の大事を左右することは出来ぬが故に、他の救済主をたのまねばならぬ。他の救済主とは誰なるか、すなわち阿弥陀仏である」（同）。ということは、阿弥陀仏とともに病を生きるということになりますが、阿弥陀仏は無量光仏ともいわれます。満之は「かの阿弥陀仏の光明は無量で、すべてのところをくまなく照らし、さえぎられることはない」（かの仏光明無量にして、十方の国を照らして障礙《しょうげ》するところなし）（同）という文を引用しますが、阿弥陀仏に照らし出される国は、実は浄土であるともいえます。浄土の光に照らされ、浄土の光の中に安心して病とともに生きることを満之は言いたいのだと思います。

癌の告知であっても、浄土の外で告知を受けるのと浄土の中で受けるのとでは根本的に違います。ただ一人暗黒の孤独の中で受けるのと、明るい光に照らされて仏とともに受けるのとでは大違いなのではないでしょうか。

親鸞はわが身を振り返り、正直に「ちょっと病気にかかったりすると死んでしまうのではないかと心細くなってしまうのも、煩悩のしわざなのです」（いささか所労《しょろう》のこともあれば、死なんずるやらんとこころぼそくおぼゆることも、煩悩の所為《しょい》なり）（『歎異抄』）と言いました。真の浄土へ生まれることが約束され、今、ここで浄土を体験しているにもかかわらず、いざとなると不安になる、しかしそれが人間なのであり、そんな人間をこそ仏は救おうと思いやってくださっているのだと親鸞は言うのです。母のように大きな心に包まれ、一瞬一瞬の命に感謝し、病ととももに生きていく、これが浄土に包まれ浄土の中で病み、浄土を体験することである、と私は思うのです。

では次に、浄土との関係において死の問題を考え、死を恐れない方法をたずねてみましょう。

## 第九段階　死を恐れないために

若い頃、私はある映画で、こんなシーンを見ました。一人の老婆が畑仕事を終え、大八車を引いて家に帰る途中、ふと美しい夕焼けに目をやり、車に乗せた孫に言ったのです。「ばあちゃんはなあー、死んだらあの夕焼けの向こうの極楽浄土へ行って阿弥陀さまと暮らすんや。何の苦労もないそうやし、美しいところやそうや」。

この老婆の表情が、何とも言えずよかったのです。「死なはったじいさんも待っててくれはるんや……」。苦しく貧しい生活をしながら、どうしてこんなに幸福な表情ができるのか、私には不思議でした。しかし、今思えば、苦しく貧しい毎日だからこそ、死後極楽浄土に生まれる希望をもち得たのではないかという気がします。

物は豊かになりましたが、科学的に証明されたことしか信じられなくなった現代人には、この老婆のような気持ちは、もうわからないかも知れません。特に私が指摘したいのは、この老婆の心の中には、死の恐怖が非常に薄められているということです。すでに亡くなっている夫と再会できる、阿弥陀さまと一緒に暮らせる、苦労のない美しい世界に往くことができると思えることは、やがて経なければならない死の恐れも、現代人ほどではないと思える点です。希望が恐怖をやわらげる役目を果たしていたのではないかという点です。

これに対し極楽浄土を信じられない現代人にとっては、死はどうしようもない恐怖となって迫ってきます。死に取り囲まれ、死に閉じこめられることになります。誰も代わってくれない、いわば死に至る独房に閉じこめられることになります。しかしこの独房に浄土の光がさしこみ、やがてこの独房に浄土が近づき、独房を浄土のように体験できるとしたら、死の問題を解決する光が与えられるのではないでしょうか。

釈尊の時代にマガダ国の王であった頻婆娑羅《びんばしゃら》王の妃《きさき》に韋提希《いだいけ》という夫人がいました。その子阿《あ》闍世《じゃせ》が父王を誤解し、牢獄に幽閉してしまいました。その苦しみのために夫人が釈尊に説法を乞うたのに対し、釈尊は『観無量寿経』を説いたといわれますが、この話をまずここで取りあげてみます。

阿闍世はすぐれた王子でしたが、あるとき悪友の提婆達多《だいばだった》にそそのかされ、父である頻婆娑羅王を捕え、七重の塀に囲まれた牢獄に閉じこめてしまいました。王を気づかう韋提希夫人は、身を洗い清めて、小麦粉に蜜を混ぜたものを体に塗り、首飾りの中に葡萄《ぶどう》の汁を入れ、ひそかに王のもとに通って、これを捧《ささ》げていました。

数日たつと、王子は家来に「王はまだ生きているのか」とたずねますが、家来は「ご存命です。お妃さまが秘かに小麦粉と蜜を王さまに捧げておられるからです」と答えました。怒った王子は「母親も敵にまわってしまった」とわめき、剣をとって母を殺そうとします。しかし大臣たちに説得され、殺すことは思いとどまりますが、奥深い牢に幽閉してしまいます。

なぜ王子はこんなに親を憎むようになったのでしょうか。『涅槃経《ねはんぎょう》』という経典によりますと、王と王妃の間には子供がいませんでした。どうしても後継ぎの欲しい王は、占い師にたずねます。するとその占い師は、ある仙人がやがて死に、その生まれかわりとして王子が生まれると予言しました。

しかし急ぐ王は、早く子を得るためにこの仙人を家来に命じて殺させてしまいます。すぐに夫人は妊娠しますが、これを聞いた占い師は、生まれてくる王子は必ずこの仇をうつことになるだろうと予言しました。これを恐れた王は、夫人の出産のとき、高楼から産み落とさせ殺してしまおうとしましたが、王子は落とされる途中手の指を骨折しただけで助けられ、ひそかにかくまわれていました。この過去を提婆達多が阿闍世に告げ口したのが不幸の原因になったのです。

牢に閉じこめられた夫人は悲しみのあまり憔悴《しょうすい》しきって、はるかかなたの耆闍崛山《ぎしゃくっせん》（霊鷲山《りょうじゅせん》）という山におられた釈尊に向かって救いを求めました。すると釈尊みずから王宮にやって来られます。思いがけない釈尊の出現に感激した夫人は、身を投げ出し、大声をあげて泣きながら、「お釈迦さま、私は前世でどんな悪いことをして、こんな子を生んでしまったのでしょうか」（世尊、我宿何罪、生此悪子）と愚痴をあらわにしました。そして次のように言ったことに注意したいと思います。

「どうかお釈迦さま、私のために憂い・悩みのない境地をお説きくださいますように。私はその境地に生まれたいのです」（唯願世尊、為我広説　無憂悩処。我当往生）（『観無量寿経』）

牢に幽閉された夫人は、その牢から脱出する方法や奇跡が起こることを釈尊に願っているのではありません。牢に幽閉され、確実に迫っている死に対して、この苦しみを苦しみと感じない世界に立つ方法をたずねているのです。生死を超越する方法を求めているのです。死からの逃げ道をさがすのではなく、自分の場を見直し、自分を破り、牢に閉じこめられたまま、死を超えようとしたのです。つまり牢獄で死を迎えつつ、安らいだ浄土の境地に住まわせてもらいたいと願い、浄土に出会う方法をたずねたのです。

そこで釈尊は、浄土を観る、すなわち浄土を観想する十三の方法を夫人に教えます。やさしく親切に説くのですが、煩悩に目を覆《おお》われてしまっている人間にはなかなかむずかしいことでした。

そこでさらに次のような方法で説きます。その方法とは、人間の行為をその善悪によって上品《じょうぼん》・中品《ちゅうぼん》・下品《げぼん》の三段階に分け、さらにそれぞれを三つに細分化し、上品上生《じょうしょう》・上品中生・上品下生・中品上生・中品中生・中品下生・下品上生・下品中生・下品下生の九段階に分類し、自分の姿をよく反省するようにうながされます。自分を見つめ、反省を深めていけばいくほど、結局自分は下品下生の存在にほかならないのだということに気づかせようとなさったのです。それぞれの段階をていねいに説明することによって、夫人に、夫人自身も結局は下品下生の人間であることを気づかせられたのです。

教養があり聡明で美しくても、子供に裏切られただけで逆上し、子を恨み、他人を憎み、世の人間すべてを悪人呼ばわりし、呪うようなことを言った。これは下品下生の人間の姿にほかなりません。こうして釈尊は、夫人を通して人間に、自分の本当の姿に気づくことを教えられたのです。

本当の姿を教えられた夫人は、心から反省し、ではどうしたら救われ、この地獄のような世界に希望を見出し、生き、死んでいくことができるのかを、釈尊にたずねます。するとと釈尊は、何もしなくてよいのです、ただ阿弥陀さまの名を呼びなさい、つまり南無阿弥陀仏と称えなさいと教えられました。それが地獄のような世界に苦しんでいる人々を救おうと願われた阿弥陀仏の願いにかなうことだからです。

こうして阿弥陀仏の心と自分の心が一つ心になったとき、地獄のような世界がそのまま浄土になっていくのです。この世に生きながら浄土に出会う、あるいは浄土が開かれてくるといってもよいでしょう。夫人においては、わが子を憎んだ自己が破られ、牢に幽閉されたままで、生死を超え、浄土に住まわされるようになったのです。生死を離れ、生死を解脱したといってもよいでしょう。

親鸞は以上のような『観無量寿経』の話を次のように讃えています。

「恩徳《おんどく》の広大な釈迦如来は、韋提希夫人に仰せられ、……夫人のために安楽浄土を選ばせられました」（恩徳広大釈迦如来　韋提夫人に勅《ちょく》してぞ……安楽世界をえらばしむ）（『浄土和讃』）

親鸞は、死に迫られ、牢に幽閉され、孤独に苦しむ夫人のために釈尊が浄土を与えられたことに対し、恩徳を感じ、喜んでいるのです。この問題は夫人の問題であると同時に、親鸞自身の問題でもあったからです。こうして生死しながら生死の苦悩から解き放たれたのです。

親鸞はこのことを、「煩悩に汚されている凡夫が、ひとたび信心をいただけば、浄土に往生させていただき、生死すなわち涅槃であると悟らせていただける」（惑染《わくぜん》の凡夫、信心発《ほっ》すれば、生死即涅槃《しょうじそくねはん》なりと証知せしむ）（「正信偈《しょうしんげ》」）とも表現しています。

また満之は生死の問題を次のようにとらえます。

「生のみが我等にあらず。死もまた我等なり。我等は生死を並有するものなり。我等は生死に左右せらるべきものにあらざるなり」（「絶対他力の大道」）

ではどうして、生死に左右されるべきものではないと決着できるのでしょうか。「生死は全く不可思議なる他力の妙用によるものなり。然《しか》れば我等は生死に対して悲喜すべからず」というのです。生死をわがものとして抱きこもうとするから苦しみが生じるのであって、これを他力の働きであると決着し、他力の働きに返すことによって、他力のままに生き、死ぬ、そのとき生死から離れ、しかもそれに感謝できるのです。そしてその心境に住める、それが浄土に住まわせていただいていることである、と私は考えるのです。

こうして死に対する恐怖がやわらげられていくとき、いよいよ浄土を体験することの喜びが深くなっていくことでしょう。

## 第十段階　死から解放され、あるがままの世界に

生死の問題に苦しみつつも、長い親鸞の生涯の中で育まれ、深められ、完成されていった境地が、自然法爾《じねんほうに》という境地でした。まさに絶対他力の境地です。彼の生涯は、自力から他力へ、そして他力から絶対他力への彷徨《ほうこう》でもありました。

正嘉《しょうか》二年（一二五八）、八十六歳の十二月十四日の書簡にこの境地が示されています。

「自然《じねん》の自はおのずからということです。人間の側のはからいではありません。然とはしからしむという言葉で、そのようにさせるという意味です。そのようにさせるというのは、人間の側のはからいではないのです」（自然というは、自はおのずからという。行者《ぎょうじゃ》のはからいにあらず、しからしむということばなり。然というはしからしむということば、行者のはからいにあらず）（『末燈鈔』）

この「自然《じねん》」という言葉は、現代人の使う「自然《しぜん》」の意味とはまったく違います。自然の「自」とはおのずからということであり、人間の側のことではないし、「然」とはそうさせるということであり、人間の側の行為ではありません。では一体誰のはからいで人間は生き、行動している

のでしょうか。彼は次のように言います。

「阿弥陀さまの誓いは、もともと人間のはからいではなく、南無阿弥陀仏とおたのみするとき、これを迎え入れようとはからってくださったのですから、人間が善いとか悪いとかと、はからわないことを自然というのです」（弥陀仏の御《おん》ちかいの、もとより行者のはからいにあらずして、南無阿弥陀仏とたのませたまいて、むかえんとはからわせたまいたるによりて、行者のよからんともあしからんともおもわぬを、自然とはもうす）（同）

自分でも気づかないうちに、阿弥陀仏の働き、すなわち如来のはからいがわれわれ人間に届いているというのです。しかもただ物理的に働いているというのではなく、人間を幸福にしようとする願いをこめて、です。だから「誓い」なのです。

人間が自分の意志だけで考えたり、行動すれば、迷いに落ちこんでしまう。信心をいただき、念仏をいただき、仏の誓いに身をまかせきって生きていくとき、そのまま自然法爾の世界に住まわせられるというのです。もはやいかなるはからいもいらない、ただあるがままの世界に住まわせられればいいというのです。私はこの世界こそが浄土の現われであり、あるがままに生き、感謝でき、喜べることこそが浄土を体験していることである、と考えています。

真宗には、妙好人《みょうこうにん》と呼ばれる人々がいます。この「妙好人」という言葉は、中国の僧で親鸞が七高僧の一人として尊んだ善導《ぜんどう》が、「念仏の者はすなわちこれ、人中《にんちゅう》の好人、人中の妙好人」と言ったことに由来し、このような人は泥沼のようなこの世で白い蓮の華のように清らかに咲くという意味をもちます。言いかえれば、この娑婆、穢土《えど》で浄土の華のように生きた人ともいえるでしょうが、念仏者を讃える言葉となり、学問もなく、社会的地位が低いにもかかわらず、本当の信仰をもつ人々を指す言葉となりました。

ここで代表的な三人の妙好人を取りあげてみます。

讃岐《さぬき》の庄松《しょうま》（一七九九～一八七二）は、無学な農民でしたが、あるとき仲間たちと本願寺に参詣しました。帰り道、大坂から讃岐に向かう船に乗ったのですが、嵐にあいます。仲間たちは仰天し右往左往していましたが、彼だけは高いびきで寝ていました。仲間が起こしてみると、「ここはまだ娑婆か」と言ったといいます。彼にとってはすでに娑婆とか浄土の区別もありませんでした。娑婆が浄土でもありましたし、浄土は娑婆をすっぽりと包んでいました。

あるいは、この庄松が臨終を迎えたとき、仲間が彼を安心させようと「あんたが死んだら、ちゃんとお墓を建ててあげるよ」と言いますと、「わしは墓の中なんかでなく、お浄土に行くから、そんなものはいらん」と言い放ったといいます。しっかりと浄土の体験がなされていたといえましょう。

また鳥取県に因幡《いなば》の源左《げんざ》（一八四二〜一九三〇）という農民がいました。あるとき、牛をつれて草刈りに出ましたが、草を背負って帰る途中、重くなったので牛に背負わせました。「そしたらすとんと楽になってなあ、その時『ふいっと、ここがお他力か』と気づいてなあ。デン（牛のこと、当地の方言）に知らせて貰うてなあ。……勿体《もったい》のうござります」（柳宗悦「妙好人の入信」）と言ったとされています。牛に背負ってもらった瞬間、生きる苦がすとんと軽くなり、ふっと他力の本質に気づかされたのです。知識や教養に汚れていなかったからこそ、ふっと他力が入ってこれたのでしょう。この心境になれたことは、浄土が開かれてきたことであり、近づいてきたことでもあり、浄土を体験していることにほかなりません。

また浅原才市《あさはらさいち》（一八五〇〜一九三二）は、島根県の人です。船大工でしたが、晩年は下駄を作り、それを売って生計を立てていたといわれています。六十四歳のときから阿弥陀仏への思いを詩に託し、ノートに書きつづって百冊にもなりました。その中にこんな詩があります。

「ありがたや
死んで詣《まい》る浄土じゃないよ
生きて詣るお浄土さまよ
なむあみだぶつにつれられて

ごおんうれしやなむあみだぶつ」（楠恭・金光寿郎『妙好人の世界』）

今、ここで生きて浄土に生まれ、浄土を体験し、感謝しているのです。するとこの現実の世界は、次のような世界になります。

「わたしゃりん十（臨終）すんで葬式すんで
浄土に心住ませて貰うて
なむあみだぶと浮世におるよ」（同）

才市にとっては、信心をいただき、救われたと気づかせられたときが臨終でした。それ以来、浮世で心は浄土に住まわせてもらっているというのです。朴訥《ぼくとつ》な表現ではありますが、見事に親鸞の浄土を体験していたのです。こうして生きながらにして臨終はもうすんでしまったと思える心境においては、死はすでに恐れるものではなくなっているはずです。

以上、十段階を設定し、死を恐れないために親鸞の浄土を体験する試みをしてまいりましたが、ご参考になればと思います。

## 【参考文献】

『真宗聖典』（東本願寺出版部、一九七八）
金子大栄編『親鸞著作全集』（法蔵館、一九六四）
『親鸞大系　思想篇　第一巻』（法蔵館、一九八八）
曽我量深『浄土の問題』（『曽我量深講義集 第九巻』彌生書房、一九八四）所収
　『歎異抄聴記』（東本願寺出版部、一九九九）
金子大栄『浄土の諸問題』（あそか書林、一九六八）
　『金子大栄 歎異抄』（法蔵館、二〇〇三）
石田瑞麿『往生の思想』（平楽寺書店、一九六八）
星野元豊『親鸞と浄土』（三一書房、一九八四）
竹内義範・石田慶和『親鸞』（『浄土仏教の思想 第九巻』講談社、一九九一）所収
『往生浄土—教学シンポジウム—(上)(下)』（本願寺出版社、一九九五）
寺川俊昭『往生浄土の自覚道』（法蔵館、二〇〇四）
本多弘之『親鸞思想の原点—目覚めの原理としての回向—』（法蔵館、二〇〇八）
鈴木大拙『真宗入門』（佐藤平訳、春秋社、一九八三）
楠恭・金光寿郎『妙好人の世界』（法蔵館、一九九一）

＊

『清沢満之全集』（法蔵館、一九五三～一九五七）
『清沢満之全集』（岩波書店、二〇〇二～二〇〇三）
今村仁司編訳『現代語訳 清沢満之語録』（岩波書店、二〇〇一）
吉田久一『清沢満之』（吉川弘文館、一九六一）
脇本平也『評伝清沢満之』（法蔵館、一九八二）
神戸和麿『清沢満之の生と死』（法蔵館、二〇〇〇）
安冨信哉『清沢満之と個の思想』（法蔵館、一九九九）
藤田正勝・安冨信哉編『清沢満之―その人と思想―』（法蔵館、二〇〇二）
徳田幸雄『宗教学的回心研究―新島襄・清沢満之・内村鑑三・高山樗牛』（未来社、二〇〇五）

＊

『古事記 祝詞』（日本古典文学大系1、岩波書店、一九五八）
『日本書紀』（日本古典文学大系67・68、岩波書店、一九六五～一九六七）
『源信』（日本思想大系6、岩波書店、一九七〇）
『法然 一遍』（日本思想大系10、岩波書店、一九七一）
『蓮如 一向一揆』（日本思想大系17、岩波書店、一九七二）
『蓮如文集』（岩波文庫、一九八五）

『本居宣長全集』（筑摩書房、一九六八〜一九九三）
『内村鑑三全集』（岩波書店、一九八〇〜一九八四）
大法輪編集部編『死の準備と死後の世界』（大法輪閣、一九九三）

加藤　智見（かとう　ちけん）

1943年　愛知県に生まれる
1966年　早稲田大学第一文学部卒業
1973年　早稲田大学大学院文学研究科博士課程修了
早稲田大学、東京大学講師などを経て東京工芸大学教授。現在東京工芸大学名誉教授、同大学・同朋大学非常勤講師、真宗大谷派光専寺住職

著書『親鸞とルター』（早稲田大学出版部、1987年）
『いかにして〈信〉を得るか—内村鑑三と清沢満之—』（法蔵館、1990年）
『ココロの旅からタマシイの旅へ—宗教の理解』（大法輪閣、1993年）
『蓮如とルター』（法蔵館、1993年）
『宗教のススメ—やさしい宗教学入門』（大法輪閣、1995年）
『蓮如入門』（大法輪閣、1996年）
『他力信仰の本質』（国書刊行会、1997年）
『誰でもわかる浄土三部経』（大法輪閣、1999年）
『仏像の美と聖なるもの』（法蔵館、2000年）
『浄土三部経のこころ』（法蔵館、2000年）
『世界の宗教と信仰』（大法輪閣、2005年）
『見つめ直す日本人の宗教心』（原書房、2006年）
『世界の宗教が面白いほどわかる本』（中経文庫、2006年）
『図説あらすじで読む親鸞の教え』（青春出版社、2007年）ほか

訳書　G・ランツコフスキー著『宗教学入門』（共訳、東海大学出版会、1983年）
アンゲルス・シレジウス著『シレジウス瞑想詩集（上）（下）』（共訳、岩波文庫、1992年）

親鸞の浄土を生きる
——死を恐れないために

発行日　平成22年2月10日 初版第1刷発行ⓒ

著　者　加藤　智見
発行人　石原　大道
印刷所　三協美術印刷株式会社
製本所　株式会社　若林製本工場
発行所　有限会社　大法輪閣
東京都渋谷区東2－5－36　大泉ビル
Tel　(03) 5466－1401（代表）
振替　00130-8-19番

ISBN978-4-8046-1297-3 C0015